ACCESO GRATIS a la Lectura en la Nube

Para visualizar el libro electrónico en la nube de lectura envíe junto a su nombre y apellidos una fotografía del código de barras situado en la contraportada del libro y otra del ticket de compra a la dirección:

ebooktirant@tirant.com

En un máximo de 72 horas laborales le enviaremos el código de acceso con sus instrucciones.

La visualización del libro en **NUBE DE LECTURA** excluye los usos bibliotecarios y públicos que puedan poner el archivo electrónico a disposición de una comunidad de lectores. Se permite tan solo un uso individual y privado

IURISDICTIO EN EL PROCESO CIVIL MODERNO

COMITÉ CIENTÍFICO DE LA EDITORIAL TIRANT LO BLANCH

María José Añón Roig
Catedrática de Filosofía del Derecho de la Universidad de Valencia

Ana Cañizares Laso
Catedrática de Derecho Civil de la Universidad de Málaga

Jorge A. Cerdio Herrán
Catedrático de Teoría y Filosofía de Derecho Instituto Tecnológico Autónomo de México

José Ramón Cossío Díaz
Ministro en retiro de la Suprema Corte de Justicia de la Nación y miembro de El Colegio Nacional

María Luisa Cuerda Arnau
Catedrática de Derecho Penal de la Universidad Jaume I de Castellón

Manuel Díaz Martínez
Catedrático de Derecho Procesal de la UNED

Carmen Domínguez Hidalgo
Catedrática de Derecho Civil de la Pontificia Universidad Católica de Chile

Eduardo Ferrer Mac-Gregor Poisot
Juez de la Corte Interamericana de Derechos Humanos Investigador del Instituto de Investigaciones Jurídicas de la UNAM

Owen Fiss
Catedrático emérito de Teoría del Derecho de la Universidad de Yale (EEUU)

José Antonio García-Cruces González
Catedrático de Derecho Mercantil de la UNED

José Luis González Cussac
Catedrático de Derecho Penal de la Universidad de Valencia

Luis López Guerra
Catedrático de Derecho Constitucional de la Universidad Carlos III de Madrid

Ángel M. López y López
Catedrático de Derecho Civil de la Universidad de Sevilla

Marta Lorente Sariñena
Catedrática de Historia del Derecho de la Universidad Autónoma de Madrid

Javier de Lucas Martín
Catedrático de Filosofía del Derecho y Filosofía Política de la Universidad de Valencia

Víctor Moreno Catena
Catedrático de Derecho Procesal de la Universidad Carlos III de Madrid

Francisco Muñoz Conde
Catedrático de Derecho Penal de la Universidad Pablo de Olavide de Sevilla

Angelika Nussberger
Catedrática de Derecho Constitucional e Internacional en la Universidad de Colonia (Alemania). Miembro de la Comisión de Venecia

Héctor Olasolo Alonso
Catedrático de Derecho Internacional de la Universidad del Rosario (Colombia) y Presidente del Instituto Ibero-Americano de La Haya (Holanda)

Luciano Parejo Alfonso
Catedrático de Derecho Administrativo de la Universidad Carlos III de Madrid

Consuelo Ramón Chornet
Catedrática de Derecho Internacional Público y Relaciones Internacionales de la Universidad de Valencia

Tomás Sala Franco
Catedrático de Derecho del Trabajo y de la Seguridad Social de la Universidad de Valencia

Ignacio Sancho Gargallo
Magistrado de la Sala Primera (Civil) del Tribunal Supremo de España

Elisa Speckman Guerra
Directora del Instituto de Investigaciones Históricas de la UNAM

Ruth Zimmerling
Catedrática de Ciencia Política de la Universidad de Mainz (Alemania)

Fueron miembros de este Comité:
Emilio Beltrán Sánchez, Rosario Valpuesta Fernández y **Tomás S. Vives Antón**

Procedimiento de selección de originales, ver página web:
www.tirant.net/index.php/editorial/procedimiento-de-seleccion-de-originales

IURISDICTIO EN EL PROCESO CIVIL MODERNO

Adolfo Díaz-Bautista Cremades

tirant lo blanch
Valencia, 2024

Copyright ® 2024

Todos los derechos reservados. Ni la totalidad ni parte de este libro puede reproducirse o transmitirse por ningún procedimiento electrónico o mecánico, incluyendo fotocopia, grabación magnética, o cualquier almacenamiento de información y sistema de recuperación sin permiso escrito del autor y del editor.

En caso de erratas y actualizaciones, la Editorial Tirant lo Blanch publicará la pertinente corrección en la página web www.tirant.com.

© Adolfo Díaz-Bautista Cremades

© TIRANT LO BLANCH
EDITA: TIRANT LO BLANCH
C/ Artes Gráficas, 14 - 46010 - Valencia
TELFS.: 96/361 00 48 - 50
FAX: 96/369 41 51
Email: tlb@tirant.com
www.tirant.com
Librería virtual: www.tirant.es
DEPÓSITO LEGAL: V-1925-2024
ISBN: 978-84-1056-974-4

Si tiene alguna queja o sugerencia, envíenos un mail a: *atencioncliente@tirant.com*. En caso de no ser atendida su sugerencia, por favor, lea en *www.tirant.net/index.php/empresa/politicas-de-empresa* nuestro procedimiento de quejas.

Responsabilidad Social Corporativa: *http://www.tirant.net/Docs/RSCTirant.pdf*

'A Laura, que me alienta a
aprender más cada día'

Índice

Introducción

Han transcurrido nueve años desde que se promulgó la Ley Orgánica 7/2015 de 21 de julio mediante la cual el legislador culminó una transformación profunda del concepto de "jurisdicción" que doctrina, legislación y jurisprudencia habían manejado en los últimos dos milenios.

Obviando matices y distinciones doctrinales, que después se tratarán, la moderna ciencia del Derecho llama "jurisdicción" a la potestad del Estado para dirimir conflictos en la aplicación de la norma e imponer su cumplimiento por la fuerza. Dicha facultad deriva de la soberanía y es confiada, en los estados de Derecho, a un grupo determinado de funcionarios (los jueces) dotados de independencia, inamovilidad y sumisión a la ley, que constituyen el Poder judicial.

La reforma de 2015 estableció una ruptura en el concepto tradicional al encargar parte de esas funciones relacionadas con la actividad judicial a funcionarios ajenos a dicho poder, integrados en la Administración General del Estado y sometidos por tanto al poder ejecutivo. Más allá de consideraciones políticas sobre la oportunidad de la medida o constitucionales sobre su legitimidad (que serán mencionadas a lo largo de este trabajo) nos interesa analizar qué es ahora la "jurisdicción", tras la reforma legislativa y qué conexiones puede tener con nuestra tradición histórica.

En el periodo clásico del Derecho romano el sistema procesal -denominado *per formulas*- se caracterizaba por una férrea separación del proceso en dos fases (*in iure* y *apud iudicem*) asignadas a dos personas diferentes (pretor y *iudex* o *arbiter*) en las que se desarrollaban tareas diferentes. En la primera fase, fase *in iure*, el pretor o aquél en quien delegaba se limitaba a comprobar la viabilidad del proceso conforme al Edicto (verdadera norma procesal de Derecho honorario) y a recoger las alegaciones de las partes fijando el objeto del proceso. También adoptaba las medidas cautelares precisas para garantizar el buen fin del litigio. Esta facultad, derivada según la doctrina mayoritaria del *imperium* de los magistrados, se denominaba *iurisdictio* y no suponía "entrar en el fondo de la cuestión", lo cual se reservaba al *iudex* encargado de recibir el pleito a prueba, escuchar las alegaciones, y dictar sentencia conforme a las prescripciones del pretor, ejerciendo así la *iudicatio.*

Por razones históricas que trataremos de exponer a lo largo del trabajo, estas dos funciones quedaron unidas (pero no confundidas) en los siglos del Principado al disponer la cancillería imperial que una sola persona (un funcionario nombrado por el emperador de quien recibía la potestad necesaria) seguía el proceso de inicio a fin, dilucidando tanto las cuestiones *procesales* como las *de fondo.* Dado que este nuevo *iudex* estaba revestido (por delegación del emperador) de *imperium* y ejercitaba todas las funciones relativas al proceso pronto la doctrina jurídica pasó a denominar "jurisdicción" a la función de resolver los conflictos y aplicar las normas. En este sentido resulta revelador que aún hoy denominemos a los jueces, "magistrados", reconociendo de algún modo que ostentan tanto el poder público de imponer la norma como el de dilucidar los litigios.

Ambas funciones, sin embargo, no han quedado confundidas a lo largo de la historia, y aún hoy en las leyes procesales puede distinguirse claramente qué decisiones judiciales afectan a la configuración y tramitación del proceso y cuales se refieren a la resolución del conflicto (véase por ejemplo la estructura del juicio ordinario del proceso civil), aunque, claro está, la distinción práctica es mucho más compleja que la teoría, lo que hace al legislador -al repartir funciones entre el LAJ y el juez- transitar por el borde de la reserva que el artículo 117 CE establece a favor de jueces y tribunales (habiendo renunciado el legislador a incorporar al poder judicial a los LAJ).

El antecedente que encontramos en Derecho comparado para la configuración del LAJ como autoridad coadyuvante del juez en el proceso -con funciones que van mucho más allá del antiguo escribano o del más reciente secretario judicial- es el *Rechtspfleger* del Derecho alemán; institución centenaria que ha suscitado en la doctrina germana fuertes contradicciones de las que hacemos breve mención en el trabajo, en lo que pueden ser útiles para determinar la naturaleza del Letrado español.

Como hemos apuntado, y explicaremos con cierto detalle, la unificación de las fases *in iure* y *apud iudicem* bajo la tutela de un único responsable hizo que se usara el término *iurisdictio* para toda la actividad judicial. Esto conlleva que la doctrina procesalista se plantee hasta qué punto la configuración del LAJ no supone una ruptura del concepto de *jurisdicción* que ahora reparte, de nuevo, sus funciones entre dos funcionarios: el juez y el letrado de la administración de justicia. El legislador, ante ello, se defiende distinguiendo, de manera un tanto artificial, entre facultades netamente jurisdiccionales (que corresponden ex art. 117 CE al juez) y decisiones *procesales no jurisdiccionales* que pueden ser atribuidas al LAJ en la medida en que no comprometan la tutela judicial efectiva a que tiene derecho el ciudadano.

En nuestra opinión, ya que el legislador ha optado por fraccionar las tareas del proceso, asignando al LAJ las cuestiones procesales y limitando la actividad del juez a "juzgar y hacer cumplir lo juzgado" entendemos que se está resucitando, sin saberlo, la vieja distinción entre fase *in iure* y *apud iudicem* y reestableciendo inadvertidamente la distinción entre *iurisdictio* y *iudicatio*, con las evidentes diferencias que se derivan del paso de más de dos milenios.

Por esta razón, aunque comprendemos que resultaría incorrecto hablar de "jurisdicción del LAJ" pensamos que resultaría más apropiado identificar la función del LAJ con la *iurisdictio* y la del juez con la *iudicatio*.

Concepto de jurisdicción

La existencia de una sociedad organizada, en la que se desarrollan paulatinamente reglas de Derecho sustantivo, conlleva, necesariamente, el establecimiento de un proceso público de resolución de conflictos e imposición coactiva de sus decisiones, pese a que en un primer momento se tolere la autotutela o se dicten normas para regular el ejercicio de la justicia privada. La historia del Derecho procesal es, en cierta medida, la narración de la lucha entre el monopolio estatal de la fuerza y la justicia privada, que es, en buena medida, la historia de la civilización de los pueblos.

Jurisdicción, Administración de justicia, potestad o *función jurisdiccional* hacen referencia, hoy día, a la tarea que realiza el Estado en la aplicación del ordenamiento jurídico. Así lo entiende De la Oliva Santos[1], advirtiendo de que existe otra concepción -*subjetiva*- que prefiere definir la jurisdicción como la potestad de resolver controversias conforme al Derecho objetivo[2], tutelando los derechos e intereses legítimos[3]. Resulta representar

---

1 De la Oliva Santos, A., Díez-Picazo Giménez, I., Vegas Torres, J.: *Curso de Derecho Procesal Civil,* I, Parte general, EU Ramon Areces, Madrid, 2019, pág. 18

2 Calamandrei, P.: *La casación civil,* Ediciones Olejnil, Santiago de Chile, 2021 pág. 62: *la finalidad más urgente de la función jurisdiccional es la de cortar con la mayor rapidez las controversias en torno al derecho, que turban la paz social.*

3 Una síntesis de ambas concepciones se encuentra en Gascón Inchausti, F.: *Derecho Procesal Civil, materiales para el estudio,* Madrid, 2019, pág. 26, que sostiene que *La Jurisdicción es el sistema de resolución de controversias y conflictos jurídicos, consistente en la tutela y realización del Derecho objetivo.*

entonces el término *jurisdicción* una labor que consiste en *decir el Derecho* ante *casos concretos de presuntas infracciones de los deberes jurídicos.* En definitiva -continúa De la Oliva- *dar a cada uno lo suyo,* entendiendo que previamente el Derecho objetivo ha establecido "qué es lo de cada uno".

Sin embargo, Robles Garzón[4] advierte del carácter polisémico -y de ahí la dificultad de definición- del término *jurisdicción* en Derecho moderno. Llamamos jurisdicción hoy al conjunto de atribuciones que se les otorgan a los sujetos que ejercen el Poder Judicial, al territorio en que se ejerce dicho poder y a la competencia de los órganos judiciales. Si bien concluye que se puede reconducir el concepto de *jurisdicción* a dos puntos de vista diferentes: la jurisdicción como función asumida por el Estado (uno de los tres poderes en que se manifiesta la soberanía nacional) y jurisdicción como conjunto de órganos.

En palabras de Saavedra López[5], la jurisdicción es *la potestad de decir el derecho, y más concretamente, de decir el derecho aplicable a una situación o conducta que rompe la paz jurídica. En otros términos, es la determinación de un criterio jurídico de decisión para un problema que no puede ser resuelto espontáneamente.*

La función de la jurisdicción es, por tanto, hoy día, la labor encomendada en exclusiva por el Estado a jueces y magistrados

---

4 Robles Garzón, JA.: *Conceptos básicos de Derecho Procesal Civil,* Tecnos, 2015, pág. 55. En el mismo sentido, Cordón Moreno, F.: *Introducción al Derecho Procesal,* Eunsa, Pamplona, 2020, pág. 11, donde afirma que la función de la jurisdicción es *la solución de los conflictos que se plantean en la vida social, restableciendo la vigencia de la norma de derecho objetivo vulnerada.*

5 Saavedra López, M.: Jurisdicción, en Garzón Valdés, E. y otros: *El derecho y la justicia,* Madrid, Trotta, 1996, pág. 221.

de tutelar el efectivo cumplimiento del ordenamiento jurídico resolviendo las controversias de los particulares[6].

Partiendo de tal definición y atendiendo a la etimología de la palabra es fácil afirmar que la tarea jurisdiccional consiste en "decir el Derecho" y considerar que se trata, a fin de cuentas, de declarar cuál es el derecho de cada una de las partes en litigio[7]; tarea que, naturalmente, corresponde a los jueces (personal *jurisdicente*, como dirá el profesor De la Oliva[8]). En este sentido, se afirma que jurisdicción y función judicial son términos análogos, pues nada es más jurisdiccional (en el sentido de "decir el Derecho") que dictar sentencia y conceder o denegar la tutela que solicita una parte frente a otra.

Pero como advierte Calamandrei[9], esta función exclusiva del Estado, depositada en los jueces como manifestación de la

---

6 Entendiendo tales controversias en un sentido amplio pues, como matiza De la Oliva, no siempre que hay actos jurisdiccionales hay dos particulares con derechos subjetivos en litigio. La jurisdicción penal, por ejemplo, resuelve el conflicto del presunto infractor con el Estado y la jurisdicción contenciosa se ocupa de litigios entre ciudadanos y administraciones públicas. Lo cierto, sin embargo, es que la actividad jurisdiccional siempre se desarrolla a partir de casos concretos de presuntas vulneraciones del ordenamiento.

7 Cumpliendo así el mandato ulpineaneo de "dar a cada uno lo suyo" D. 1.1.10

8 De la Oliva, *op. cit.* Pág. 64

9 Calamandrei, P. *op. cit*, pág. 101: *Desde los primeros tiempos del Imperio, el Emperador tuvo, entre los otros poderes, también el de decidir las causas civiles y criminales, y el de avocar a sí, por propia iniciativa o en virtud de una privada supplicatio, el conocimiento de cualquier proceso. Pero más adelante, a medida que el poder del soberano se fue extendiendo sobre todos, el ejercicio de la jurisdicción que originariamente había sido transmitido al Emperador en concurrencia con las otras magistraturas, pareció atribución exclusiva del príncipe el cual fue considerado como el juez supremo, de quien dependían en calidad de representantes: todos los jueces que componían la inmensa burocracia del Imperio.*

soberanía, surge a partir de la concentración de poderes que realiza el Principado, cuyo titular se arroga la competencia (primero por vía de apelación y después de manera exclusiva) de resolver los litigios y ejecutar las resoluciones de los tribunales que el propio emperador nombraba.

Este monopolio del poder, ocurrida junto a la desaparición del proceso *per formulas* y la generalización de la *extraordinaria cognitio,* hizo que se confundiera, posiblemente para siempre, la función jurisdiccional y la judicial, que estaban claramente diferenciadas en el proceso judicial clásico. A lo largo de las siguientes páginas trataremos de dilucidar a qué realidades corresponden una y otra función (jurisdiccional y judicial) que han estado confundidas en una misma persona (magistrado-juez) a lo largo de nuestra historia jurídica y que, según nuestra hipótesis, vuelven a separarse, de algún modo, en el Derecho procesal español del siglo XXI.

Capítulo 1

El proceso judicial romano

IURISDICTIO Y IUDICATIO

En el enjuiciamiento de las conductas, la doctrina romanística suele distinguir dos manifestaciones[10]: *Iurisdictio*, es la actividad del Poder estatal que interviene en la marcha o tramitación de los juicios y define las reglas jurídicas aplicables a cada caso, sin llegar a decidir si las conductas analizadas han contravenido realmente el Derecho sustantivo, es decir, sin entrar en el fondo de la cuestión. Esta función era cumplida en Roma por los magistrados[11]. Al realizar

---

10 Un análisis detallado de la literatura científica destinada a delimitar el concepto de *iurisdictio* se puede encontrar en Robles Reyes, JR.: *La competencia jurisdiccional y judicial en Roma,* Murcia, 2003, pág. 13. El autor reseña las definiciones de Lauria, Pugliese o De Martino, destacando la formulación de Luzzato (*Enciclopedia del Diritto*) que considera la jurisdicción como *el conjunto de facultades atribuidas a los magistrados a los que se confía en Roma la administración de la justicia civil.* En nuestra opinión, para no desvirtuar la distinción entre *iurisdictio* y *iudicatio* será necesario marcar la diferencia entre "administrar la justicia" y "juzgar", términos que son tratados como sinónimos en la moderna doctrina procesalista. La distinción entre ambas funciones fue una de las más sutiles y fecundas conquistas del genio jurídico romano. Díaz Bautista, A.: Prólogo a Robles Reyes, JR.: *Magistrados, Jueces y Árbitros en Roma.* Madrid. 2009. Dykinson, p. 16

11 En Roma los magistrados son aquellas autoridades revestidas de *imperium* (o en su caso, de *potestas*) elegidos en los comicios por los ciudadanos para dirigir el ejército y la política del Estado. Carecen de la connotación judicial que hoy atribuimos al término "magistrado", ya que el *iudex* en Roma era un particular lego en Derecho que

esta función, el magistrado comprobaba que las partes reunían los requisitos procesales previos (capacidad para ser parte[12], capacidad procesal[13], representación en su caso[14] y

---

carecía de cualquier potestad pública. Precisamente el hecho de que nuestros actuales jueces sean denominados *magistrados* está íntimamente relacionado con la tesis que aquí desarrollamos, ya que los magistrados romanos desempeñaban una función jurisdiccional (que no judicial) que, posteriormente, será heredada por el juez.

12 Tenían capacidad para ser parte las personas individuales *sui iuris.* También se les reconoció capacidad para ser parte a algunas colectividades de carácter público a las que se reconoció paulatinamente el carácter de personas (Personas colectivas o jurídicas). No tenían capacidad para ser parte, los *alieni iuris* ni los esclavos; si bien, excepcionalmente, los descendientes sometidos, podían ser parte en lo relativo al peculio castrense (bienes que el hijo de familia había ganado en la guerra), cuando eran víctimas de ofensas o lesiones (*actio iniuriarum*) y en ausencia de su padre si no lo representaba nadie. La hija de familia además tenía capacidad para reclamar su dote.

13 Llamamos "capacidad procesal" a la aptitud general para realizar válidamente los actos del proceso, para "comparecer en juicio". No tenían capacidad procesal (es decir que, aunque tuviesen capacidad para ser parte no podían comparecer por sí mismos en el proceso y tenían que comparecer representados por otros) los *sui iuris* sometidos a tutela, como eran los impúberes, es decir, los varones menores de catorce años y las mujeres menores de doce años. Además, las mujeres, aunque fueran púberes, seguían formalmente sometidas a tutela (aunque esta tutela fue muy poco efectiva) y por tanto carecían, generalmente, de capacidad procesal. Tampoco tenían capacidad procesal algunos *sui iuris* que no podían ejercitar sus derechos (por razón de enfermedad), y estaban sometidos a cura (curatela); éstos tenían que comparecer representados por sus *curatores.*

14 Las partes podían comparecer en juicio personalmente, "por sí" o por medio de representantes, bien porque la parte carecía de capacidad procesal, o se trataba de una colectividad. En el sistema de las *legis actiones* no se admitía, en general, la representación procesal y las partes debían comparecer personalmente, aunque hubo algunas excepciones. En el sistema de las fórmulas había dos tipos básicos de

legitimación[15], así como su propia competencia[16]) y que la acción solicitada era aceptable conforme al Edicto del Pretor. Una vez comprobada la correcta constitución de la litis, el magistrado nombra (en el sistema clásico) al juez, que era un ciudadano elegido por las partes o designado al azar.

> D. 2.1.3 Ulpianus libro secundo de officio questoris.
>
> Imperium aut merum aut mixtum est. Merum est imperium habere gladii potestatem ad animadvertendum facinorosos homines, quod etiam potestas appellatur. Mixtum est imperium, cui etiam iurisdictio inest, quod in danda bonorum possessione consistit. Iurisdictio est etiam iudicis dandi licentia.
>
> *D.2.1.3 Ulpiano, Libro segundo sobre el oficio del cuestor.*
>
> *El imperium es puro o mixto. Es un mero imperium tener el poder de la espada para castigar a los criminales, lo que también se llama potestas. Es un imperium mixto, en el que también se*

---

representantes procesales, el *cognitor* y el *procurator*. Los efectos no eran totalmente iguales en uno y otro caso. El *cognitor* era nombrado solemnemente, en presencia del adversario. El *procurator*, nombrado sin esa solemnidad, solía ser un administrador del litigante. A estos dos tipos hay que añadir los representantes de las colectividades llamados *actores*. En el sistema de la *extraordinaria cognitio* se fue restringiendo la figura del *cognitor* hasta desaparecer sustituida por la del *procurator*.

15 Ocurre con la legitimación lo mismo que con la acción (*vid. Infra*) que, siendo un elemento de fondo, debe afirmarse en la fase inicial del proceso para poder constituir válidamente la litis. Para comprobar la cualidad del demandado y por tanto la legitimación pasiva, el pretor permitía al actor formular *interrogationes in iure* que permitían al demandante obtener cierta información necesaria para plantear correctamente la fórmula.

16 Señala D'Ors que la regla general de competencia es el domicilio del demandado, incluso para las acciones reales, indicando que el *fórum rei sitae* es de elaboración tardía. D'Ors, A.: *Derecho Privado Romano*, Eunsa, Pamplona, 1989, pág. 135.

> *contiene la jurisdicción, que consiste en dar posesión de los bienes. También consiste la jurisdicción en otorgar licencia al juez.*[17]

Asimismo, el pretor escuchaba las alegaciones de las partes y fijaba el objeto del proceso.

La *Iudicatio* es la facultad de decidir si una conducta concreta de un particular ha sido ajustada a Derecho o no, es decir, "entrar en el fondo de la cuestión" y estableciendo las consecuencias en uno u otro caso. Esta función era en Roma propia de los jueces. El juez -o tribunal- escuchaba a las partes y practicaba las pruebas, resolviendo, mediante sentencia, la estimación o desestimación de la pretensión del actor.

Las funciones de *iurisdictio* y *iudicatio* son netamente distintas. La primera es una potestad pública, centrada en comprobar la concurrencia de los presupuestos procesales y determinar la viabilidad del proceso. Supone, a fin de cuentas, garantizar que la resolución del litigio (sea cual sea) va a ser válida formalmente y por tanto se podrá imponer coactivamente a la parte vencida. Poniendo en relación la jurisdicción con el sistema arbitral (existente también en Roma y quizás precedente de aquella), la *iurisdictio* suple el consenso de las partes en el compromiso arbitral, entendiendo que, si las partes no se ponen de acuerdo para dar poder a un árbitro que resuelva el conflicto (y se obligan a acatarlo) el poder público sustituye ese acuerdo mediante un acto de soberanía que obliga a las partes -cumplidos ciertos requisitos- a "estar y pasar" por la decisión judicial. Esta segunda función, la judicial, es similar en el arbitraje y en la jurisdicción, consiste en examinar las pruebas y estimar o desestimar la acción del demandante.

---

17 Traducción del autor.

Señala Betancourt[18] que ambas funciones (*iurisdictio* y *iudicatio*[19]) proceden de una misma raíz *dic[20] pero que, en latín, "*dicere*" (de donde se forma *iurisdictio*) no es igual a "*dicare*" (=*iudicare*), siendo la primera una declaración performativa, basada en el poder público, y la segunda una "sentencia" fundamentada en la *auctoritas*.

SISTEMAS PROCESALES ROMANOS

En la evolución histórica del Derecho Romano se conocieron tres sistemas procesales[21]: El de las *legis actiones*[22] (que se aplicó desde los primeros tiempos hasta la ley Ebucia de 147 aC), el de las fórmulas (aplicado en la ciudad de Roma desde 147 aC hasta el siglo I dC) y el de la *extraordinaria cognitio*

---

18 Betancourt, F.: *Derecho Romano clásico*, 4ª edición, Universidad de Sevilla, 2014, pág. 144.

19 Si para *iurisdictio* parece -prima facie- aceptable la traducción de "jurisdicción", para *iudicatio* propone Betancourt la voz (existente en español pero desusada) de *judicación*.

20 Aunque parece que esta raíz, como señala Betancourt, aparece en el campo semántico latino de "decir", sugerimos una posible conexión, quizás de origen indoeuropeo, con el griego "diké", derivando todas ellas del indoeuropeo *deik- (mostrar, señalar). De este modo, los términos *iurisdictio* y iudicatio estarían genéticamente conectados con una idea primigenia de justicia que se muestra o se desvela a través de la actividad judicial. Sobre la conexión etimológica de "dico" y "diké" cfr. Bernabé Pajares, A.: Investigaciones sobre el léxico indoeuropeo, en *Revista Española de Lingüística*, 9(1979) pág. 383

21 Díaz Bautista, A. y Díaz-Bautista Cremades, A. A.: *El Derecho romano como introducción al Derecho*, 4ª Ed, Murcia, 2023, pág. 152.

22 Este sistema procesal, propio aún de una sociedad primitiva, se caracterizaba por la oralidad y por su gran rigidez, ya que sólo eran válidas las actuaciones si se ajustaban exactamente a las formas preestablecidas.

(importado de las provincias y aplicado en Roma durante el Principado y el Dominado), cuya estructura pervive a lo largo de los siglos e incluso llega hasta nuestros días.

El concepto fundamental del Derecho procesal romano es el de acción (*actio*)[23]. Aunque en la doctrina moderna está muy discutido en cuanto a su formulación teórica[24], la acción es, para los romanos, la facultad de acudir a los tribunales en defensa de un derecho o interés legítimo, de manera que quien tiene un derecho tiene una acción[25]. El problema doctrinal surge porque, generalmente, hasta el momento de la sentencia no se sabe a ciencia cierta si el demandante tenía o no un derecho y por tanto una acción (es decir, si tiene el derecho que invoca y si se ha producido realmente la vulneración que denuncia). Sin embargo, el concepto de acción se refiere a la posibilidad de poner en marcha el proceso, no a obtener una sentencia favorable[26]. Podemos describirlo como la actuación de un particular dirigida a conseguir que se celebre un juicio y

---

23 Advierte D'Ors de que en la última jurisprudencia clásica se reserva el término *actio* para las acciones personales, y se prefiere *petitio* para las reales, dejando la forma *persecutio* para las acciones *extra ordinem.* D'Ors, A.: *Op. Cit.*, pág. 109.

24 Vid. Gascón Inchausti, F.: *Op. Cit.* pág. 52.

25 Díaz Bautista A. y Díaz-Bautista Cremades, *op. Cit,* pág. 153.

26 Podemos decir que, lo que comprobaba el Pretor y lo que desencadenaba el proceso es la "acción afirmada". Es decir, en el momento inicial no se puede comprobar si el actor realmente tiene el derecho que invoca ni si se ha producido la vulneración que denuncia, sino, tan sólo, que el actor afirma una acción que está prevista en el Edicto y por tanto el proceso es viable. A partir de la *extraordinaria cognitio* desaparece la tipicidad de la acción por lo que la afirmación de la acción resulta menos relevante. Aun así, podemos afirmar, incluso hoy día, que el actor debe denunciar una vulneración de un derecho o interés tutelable para poder acceder al proceso. Todo ello no obsta para que sea en la sentencia donde se dilucide, definitivamente, si efectivamente el actor es titular del derecho y si la

se dicte una sentencia que resuelva una controversia acerca del posible comportamiento antijurídico de otro particular. Dado que en Derecho arcaico y clásico regía el principio de tipicidad de la acción, era requisito necesario para que se pudiera dar lugar a un proceso, que el demandante afirmara una acción de entre las previstas en el Edicto del Pretor.

En la época monárquica debió de ser el rey quien administraba justicia[27] ostentando la *iurisdictio* y la *iudicatio*[28]. En cambio, en época republicana tardía se produjo la separación entre la *iurisdictio* de los magistrados y la *iudicatio* de los jueces. De

---

vulneración se ha producido tal como denunció en su demanda, y por tanto, si realmente tenía o no acción.

27 Siempre hemos pensado que en la sociedad primitiva romana el rey administraría justicia y que en algún momento delegaría esa función en un pretor que asumiría inicialmente toda la función judicial, transfiriendo, posteriormente, la *iudicatio* al *iudex*. Sin embargo, Nieva Fenoll, tras analizar las primeras sociedades conocidas en la Historia y los grupos étnicos neolíticos que subsisten en la actualidad, sugiere que la forma más antigua de justicia es la resolución de litigios por la asamblea, apareciendo el juez en un momento posterior (probablemente en Egipto). En el caso de Roma, si esto fuera así, el rey y posteriormente el pretor autorizarían la tramitación del litigio ante los comicios. Es posible que la *provocatio ad populum* regulada por la *lex Valeria de provocatione* de 509 aC sea un recuerdo de esta fase. Si la hipótesis de Nieva Fenoll es correcta, en el caso de Roma, el pretor (y quizás antes el rey) nunca tuvo la función de "juzgar" sino de autorizar, con su *imperium,* la tramitación de un litigio bien ante la asamblea o bien, posteriormente, ante un *iudex* o un tribunal. Ello respetaría un principio arcaico de "justicia popular" que primero residiría en toda la comunidad y después, con la extensión de la sociedad romana, en uno o varios ciudadanos elegidos al azar, lo cual recuerda mucho al fundamento de los modernos jurados y correspondería con el principio constitucional de que *la justicia emana del pueblo.* Artículo 117.1 CE. Vid. Nieva Fenoll, J.: *El origen de la justicia,* Tirant, Valencia, 2023, pág. 110.

28 Díaz Bautista, *op. Cit,* pág. 159

esta forma, los Pretores[29] tenían la *iurisdictio* en Roma (es decir, comprobaban los requisitos procesales y autorizaban los pleitos), mientras que la *iudicatio* correspondía a los jueces o tribunales[30]. Tanto el *iudex privatus*[31] como el *arbiter*[32] en el proceso *per formulas* de la época clásica eran ciudadanos particulares nombrados por el magistrado y elegidos por las partes de una lista (*album iudicum*) para ejercer la *iudicatio* y resolver definitivamente el proceso.

En el procedimiento de la *extraordinaria cognitio* o *cognitio extra ordinem* (Principado y bajo imperio), los funcionarios judiciales y administrativos de la burocracia imperial dirigían y resolvían el proceso entero, actuando como magistrados-jueces, con *iurisdictio* y *iudicatio*.

---

29 Advierte D'Ors de que también ostentaban los ediles una jurisdicción especial limitada, así como los magistrados municipales en sus localidades. Por su parte, continúa el autor, el Pretor delegaba su competencia en los *prefecti iuri dicundo*. D'Ors, *Op. Cit.* Pág. 111. Por otro lado, no resulta preciso en las fuentes el origen de la figura del pretor. Probablemente existía ya en época monárquica, como ayudante del *rex*. Varela Gil refiere la identificación que un sector de la doctrina realiza entre el *praetor maximus* y el *magister populi*. Vid. Varela Gil, C.: *El estatuto jurídico del empleado público en Derecho Romano*, Dykinson, Madrid, 2007, pág. 89.

30 Existían varios tipos de tribunales: Los decenviros (*decemviri*), los centunviros (*centumviri*), los *recuperatores*, los *iudices privati* y los *arbitri*.

31 El juez unipersonal era un particular elegido para ese asunto. Era designado por las partes de común acuerdo. Si no había acuerdo se recurría a una lista oficial de ciudadanos honorables que podían ser jueces (*album iudicum*). Las partes iban recusando alternativamente los nombres hasta llegar al último que quedase, que no podía ser recusado.

32 El árbitro o árbitros eran también particulares designados como los jueces pero que tenían conocimientos técnicos. Se les nombraba especialmente en los juicios divisorios.

FORMAS MÁS ANTIGUAS DE LAS *LEGIS ACTIONES*

Conocemos de manera muy fragmentaria las primitivas *legis actiones*. Se trataba, probablemente, de acciones basadas en la violencia privada tutelada por el poder público o en juramentos sagrados que combinaban la religión primitiva con la resolución de conflictos. Las fuentes[33] hablan de una *legis actio per sacramentum in rem* que podría servir para dirimir la propiedad de los bienes en disputa[34].

Sabemos, por las XII Tablas, de la *manus iniectio*; origen de las acciones ejecutivas[35]. El acreedor podía apoderarse del deudor que no cumplía una obligación. Durante sesenta días el acreedor tenía al deudor en su poder, exponiéndolo al público tres días de mercado consecutivos, y al cabo de este tiempo, si nadie pagaba la deuda, procedía la "ejecución personal"; se dice que

---

33 Fuenteseca Díaz, P.: Las "legis actiones" como etapas del proceso romano, *Anuario de Historia del Derecho,* 34(1964) págs. 209-234

34 La *legis actio per sacramentum in rem* o *vindicatio* es el prototipo de "acción real": el que demostraba ser propietario de una cosa, que estaba en poder de otro, podía apoderarse de ella. Era una acción "simétrica" porque ambas partes tenían que demostrar que eran propietarias de la cosa. Se discute si también existió una *legis actio per sacramentum in personam.* De ser así, sería el prototipo de "acción declarativa personal". Posiblemente serviría para demostrar la existencia y la exigibilidad de una deuda contradicha por el demandado. *Sacramentum* debió ser originariamente un juramento cuya falsedad pudo conducir a la realización de un sacrificio, para aplacar a los dioses ofendidos por el falso juramento. En época histórica, el *sacramentum* era una apuesta en dinero de ambos litigantes: el que perdía el juicio, perdía el dinero apostado que pasaba al Erario, es decir a la Hacienda pública.

35 Pérez Álvarez, MP: La posición del deudor en la historia, de la responsabilidad corporal a la patrimonial, en *Revista General de Derecho Romano,* 16(2011) págs. 1-20

vendían al deudor trans *Tiberim* (al otro lado del río Tíber), o incluso que, si eran varios los co-acreedores, lo despedazaban[36].

INNOVACIONES POSTERIORES

Tras estas dos formas primitivas de *legis actiones* surgieron algunas innovaciones que acabaron dando paso al proceso *per formulas.* Es posible que una sobrecarga del número de procedimientos a cargo del pretor (debido quizás a la expansión de Roma) llevara a la necesidad de establecer una bipartición en el proceso entre dos fases: *in iure* y *apud iudicem.* La fase *in iure* se desarrollaba ante el pretor; en ella se planteaba el litigio, en sus aspectos puramente formales sin entrar en el fondo de la cuestión. La fase *apud iudicem* de estos procesos tenía lugar ante un *iudex* o un *arbiter* privados[37]. En ella se resolvía el litigio examinando los hechos y dictando la sentencia, es decir se "entraba en el fondo". En caso de incumplimiento de una sentencia condenatoria se pasaba a la *manus iniectio*[38].

Acciones propias de esta evolución posterior fueron la *Legis actio per iudicis arbitrive postulationem*[39], destinada a exigir el cumplimiento de deudas nacidas de promesa solemne, división de herencias y división de copropiedades en general, y la *Legis*

---

36 Si bien, no tenemos constancia de ningún caso en que fuera aplicada esta medida.

37 Recuerda, sin embargo, Martins Días, citando a Tucci y Azevedo, que el pretor ostentaba un cierto poder de supervisión sobre la actividad judicial de esta segunda fase. Días, HM.: A evolução dos poderes do pretor na história do processo civil romano, en *Intertemas,* 15(2010) pág. 216.

38 Sustituida, posteriormente, por la *actio iudicati* que acarreaba una ejecución universal, concursal y patrimonial.

39 Mencionada en las XII Tablas. Vid. D'Ors, A., *op. cit.*, 112

actio per condictionem, destinada a reclamaciones dinerarias de cuantía determinada (*certum*). También procede de esta época la *Legis actio per pignoris capionem*, que puede considerarse un antecedente remoto del embargo[40].

LA LEY EBUCIA Y EL PROCESO *PER FORMULAS*

Es probable que la generalización de la bipartición del proceso hiciera necesario el establecimiento de la fórmula escrita[41]. La actividad del pretor en la fase *in iure* consistía en comprobar que concurrían todos los presupuestos procesales, que la litis estaba bien constituida y que las alegaciones de las partes eran admisibles conforme al Edicto del pretor. Una vez emitida la fórmula (al principio de manera oral) el proceso quedaba fijado por la *litis contestatio*[42], por lo que el *iudex* debía

---

40 Díaz Bautista Cremades, A.: *El embargo ejecutivo en el proceso cognitorio romano, pignus in causa iudicati captum*, Madrid, 2013

41 Refiere D'Ors, con cita de Carrelli y Belloci, que la exigencia de la fórmula escrita pudo provenir de la implantación del pretor peregrino para conocer de aquellos litigios entre ciudadanos y extranjeros. Aunque la doctrina aparece dividida. D'Ors, *Op. Cit.*, pág. 114. Por nuestra parte, consideramos que la necesidad de la fórmula escrita deriva de la dualidad de órganos que conocen del proceso y la exigencia de fijeza del objeto del proceso con la *litis contestatio.*

42 Sobre la naturaleza jurídica de la *litis contestatio* se produjo en el siglo XX una amplia polémica entre quienes veían un decreto solemne del pretor (verdadero acto de *imperium* que legitimaba el proceso) y quienes sostenían el carácter negocial privado de la *litis contestatio* como convenio de resolución de un litigio. D'Ors, A.: *Op. Cit.* 144. Sobre una posible naturaleza contractual de la *litis contestatio* en tiempos arcaicos, vid. Rascón, C.: *Síntesis de historia e instituciones de Derecho Romano*, Tecnos, Madrid, 2007, pág. 180 y 184, donde afirma (n. 14) que *los autores destacan unánimemente el carácter convencional de la litis contestatio, que con frecuencia es considerada como un contrato arbitral.*

limitarse a practicar las pruebas, escuchar a los testigos y dictar sentencia. La necesidad de seguridad jurídica en la transmisión de la fórmula del pretor al juez conllevó (a nuestro juicio) la adopción de la ley Ebucia[43] que estableció la obligación de hacer constar dicha fórmula en un texto escrito, el cual tenía el triple efecto de fijar el proceso, consumir la acción y transformar las obligaciones temporales en perpetuas.

La Ley Ebucia (probablemente hacia el 130 a. C.)[44] sustituyó la fórmula oral de la *condictio* por una fórmula escrita. Con ello se inicia el proceso *per formulas*, que sin embargo convivió con las *legis actiones* durante más de un siglo[45].

LA FÓRMULA ESCRITA

Se trata, como queda dicho, de una instrucción que se enviaba al juez, designándolo por su nombre, para que condenase al demandado a pagar una cantidad de dinero o lo absolviese según resultasen probados o no ciertos hechos alegados por

---

43 Gayo atribuye la necesidad de sustituir las *legis actiones* por un sistema formulario al excesivo rigorismo de las antiguas leyes procesales que *llevaba a tal punto que el que cometiera el más mínimo error perdía el pleito* (Gai.4.30)

44 Tenemos información de la denominada *lex Aebutia* a través de dos fuentes: Gai 4.30 y Aulo Gelio 16.10.8. La doctrina discute si se trató realmente de una ley comicial o de un plebiscito, así como de su auténtica datación. Tampoco conocemos el contenido y alcance de la ley. Paricio coincide con Kaser y otros autores al afirmar que la *lex Aebutia* sustituyó sólo la *legis actio per condictionem* por la *condictio* y que la verdadera generalización de las fórmulas fue posterior, probablemente fruto de la reforma de Augusto. Paricio Serrano, J.: Reflexiones acerca de la legalización del procedimiento formulario romano, *en Foro: Revista de ciencias jurídicas y sociales,* (2004) pág. 98.

45 D'Ors, A.: *Op. Cit.,* pág. 115

las partes[46]. Se redactaban por escrito en unas tablillas que el Pretor entregaba a las partes y éstas al Juez. Para cada supuesto que podía dar lugar a un proceso había una fórmula. Hubo una lista cerrada de fórmulas que se fue ampliando paulatinamente a medida que la vida social y el pensamiento jurídico se hacían más complejos.

Con la fórmula se hacía un planteamiento jurídico del litigio, en ella se señalaba de manera muy precisa que si resultaban probados determinados hechos el juez debía condenar al demandado a pagar una cierta cantidad y si no resultaban probados absolverlo.

El juez no podía alterar este planteamiento, su papel se limitaba a comprobar los hechos y dictar su sentencia.

La fórmula era redactada por el Pretor según las peticiones de los litigantes[47] y contenía casi siempre dos partes, *intentio y condemnatio,* pero podían llevar también *demonstratio,* cláusula arbitraria, *taxatio, adiudicatio, praescriptio, exceptio, replicatio, duplicatio y triplicationes.*

---

46 La fórmula tenía una redacción específica -con una estructura común- para cada acción. D'Ors, A.: *Op. Cit,* pág. 115

47 En función de la pretensión había distintas clases de fórmulas: Las acciones podían ser reales o personales las cuales, a su vez, podían ser de *certum* o de *incertum.* Por otro lado, se distinguen acciones civiles, derivadas de las antiguas *legis actiones,* y acciones pretorias u honorarias, que podían ser con ficción (útiles o rescisorias), con transposición de personas e *in factum.* En las acciones con transposición de personas se colocaba en la *condemnatio* a otra persona distinta de la que aparecía en la *intentio.* También podían ser acciones penales o reipersecutorias. Por último, en la última jurisprudencia clásica, encontramos acciones de "derecho estricto" y de "buena fe", cuya pretensión era siempre *incertum;* estas acciones llevaban en la fórmula las palabras *ex fide bona* lo que permitía al juez una mayor libertad para fijar la condena teniendo en cuenta otras circunstancias.

La *intentio* era la parte de la fórmula que contenía la base fáctica de la pretensión del demandante[48]. La *condemnatio* era la cláusula en la que el demandante solicitaba al Juez que condenara al demandado a pagar una cantidad de dinero, una vez probada la realidad de la *intentio*[49]. En el proceso *per formulas* la condena era siempre pecuniaria[50], aunque lo pretendido por el demandante no fuese dinero.

En los juicios divisorios se insertaba una cláusula, llamada *adiudicatio,* que autorizaba al árbitro, para atribuir a los solicitantes los lotes o porciones que resultasen de la división de una cosa común o del deslinde de unas fincas. En estos juicios divisorios podía no haber *condemnatio*; en cuyo caso el árbitro se limitaba a señalar los lotes o porciones que correspondían a cada uno de los interesados, o haber una *condemnatio* complementaria de la *adiudicatio.* El árbitro, además de señalar las porciones correspondientes a cada uno de los interesados, "condenaba" a algunos a pagar a los otros la parte proporcional de los gastos en los que hubiesen contribuido, o la parte de los beneficios que no hubiesen repartido.

La *Praescriptio* era un aviso o advertencia al juez que se insertaba, a veces, al principio de la fórmula para delimitar el objeto del litigio y evitar ciertos efectos no deseados de la sentencia. Las *praescriptiones* podían ser solicitadas por el demandante o por el demandado.

---

48 Equivaldría al relato de hechos de las demandas modernas, en las cuales se sustenta la pretensión del actor.

49 Es decir, la *condemnatio* equivalía, en Derecho moderno, al "suplico" de la demanda. La *condemnatio* faltaba en los *praeiudicia.* También podía faltar la *condemnatio* en los juicios divisorios, en los que los litigantes buscaban que el árbitro adjudicase lotes o porciones resultantes de cosas comunes; en estos juicios podía sin embargo haber una *condemnatio* complementaria de la *adiudicatio.*

50 Lo que planteaba no pocos problemas de *litis aestimatio.*

La *exceptio,* por su parte, es una cláusula solicitada por el demandado alegando un hecho que, de ser probado, neutralizaría la *intentio*[51] . Cualquier argumento que tuviera el demandado para contrarrestar la pretensión del actor debía alegarlo por medio de las excepciones.

Frente a la *exceptio* del demandado, el actor podía alegar nuevos hechos a través de la *replicatio.* Ante lo cual el demandado podía solicitar una *duplicatio,* que a su vez podría provocar la inserción de *triplicationes.*

LA *LITIS CONTESTATIO*

Una vez que las partes hubieran planteado sus argumentos, el pretor -si se reunían todos los requisitos procesales- concedía la acción redactando la fórmula en una tablilla que entregaba a las partes para que la llevasen ante el Juez, se practicaran las pruebas y dictara sentencia.

La *litis contestatio* recogía la fórmula en las tablillas enceradas ante testigos. Era el momento más importante del proceso porque con ella quedaba fijado el proceso. Además, la deuda reclamada por el actor quedaba convertida en la obligación del demandado de cumplir la eventual condena. Junto a ello, la *litis contestatio* suponía la consumición de la acción[52].

Queda por tanto así configurada la función estrictamente *judicial* (de *iudicatio*) en la actuación de aquel ciudadano investido de poder delegado del magistrado que, sobre un proceso perfectamente delimitado previamente, escuchará a los testigos,

---

51 Los hechos impeditivos, extintivos o excluyentes de los que habla la doctrina procesalista. Gascón Inchausti, *Op. Cit,* pág. 240.

52 Consumición que podía operar *ipso iure* u *ope exceptionis* en función de si se trataba de un *iudicium legitimum* o de un *iudicium quod imperio continetur.*

examinará las pruebas y resolverá condenando o absolviendo al demandado. Cualquier otra actuación relacionada con el proceso -aun teniendo evidente trascendencia sobre la resolución del litigio- será ajena a la función del juez y corresponderá a quien posee la *iurisdictio,* el magistrado.

EL PAPEL DEL PRETOR EN EL SISTEMA PROCESAL ROMANO

El pretor era un magistrado romano dotado de *imperium.* De tal modo, podía dirigir ejércitos, presidir tribunales de justicia y administrar la ley.

El pretor se encargaba de administrar justicia en la fase *in iure,* es decir, la etapa preliminar de los procesos judiciales. También podía otorgar interdictos, decretar *restitutiones in integrum* y otras medidas cautelares. Además, tenía el *ius edicendi*[53], es decir, el derecho de dictar edictos que regulaban el derecho procesal, y a través de él, moderar el rigor del *ius civile.*

El pretor podía convocar al Senado y los comicios, promulgar edictos, gobernar provincias y comandar ejércitos. Estas funciones eran similares a las de los cónsules, pero con un rango inferior. El pretor podía sustituir al cónsul en caso de ausencia o impedimento.

La pretura era una de las magistraturas del *cursus honorum,* el orden de cargos públicos que seguían los políticos romanos. Para acceder a la pretura se requería tener al menos 39 años y haber sido cuestor y edil previamente[54]. La duración del cargo era de un año y se elegía por votación popular en los comicios.

---

[53] Nuevamente aparece la raíz -dik* (vid. Supra)

[54] Bravo Bosch, M. J. Las magistraturas romanas como ejemplo de carrera política, *Revista Jurídica Da Fa7,* Fortaleza, 8(2007), págs. 21-36.

El número de pretores fue variando a lo largo de la historia romana, según las necesidades del Estado. El origen del pretor, como alto magistrado de la república situado por debajo del cónsul, es incierto. Livio sugiere que su creación es anterior a la del consulado, rechazando que viniera establecido por la lex Valeria Horatia[55]. En un principio solo había un pretor, el *praetor urbanus,* que se ocupaba de los asuntos entre ciudadanos romanos. Luego se creó el *praetor peregrinus,* que se ocupaba de los asuntos entre extranjeros o entre estos y ciudadanos romanos. Más tarde se crearon otros pretores para administrar las provincias o los tribunales especiales.

Como hemos visto, la intervención del pretor, en el ejercicio de la *iurisdictio,* es capital en el proceso romano pues, no siendo quien imparte justicia (tarea que se reserva al *iudex*) comprueba la concurrencia de todos los presupuestos procesales y legitima

---

55 Liv. 3.55 *Quae refellitur interpretatio, quod iis temporibus nondum consulem iudicem sed praetorem appellari mos fuerit.* Pomponio explica que la pretura se creó al tener que ausentarse los cónsules de Roma para comandar las legiones en las guerras transfronterizas. D.1.2.2.27: *Ita facti sunt aediles curules. Cumque consules avocarentur bellis finitimis neque esset qui in civitate ius reddere posset, factum est, ut praetor quoque crearetur, qui urbanus appellatus est, quod in urbe ius redderet.* Es possible que la pretura existiera ya desde la monarquía pero que la atribución de la competencia jurisdiccional al pretor urbano provenga de las *leges liciniae sextae* (367 aC) extendiéndose posteriormente (242 aC) al pretor peregrino. Vid. Panero Gutiérrez, R.: *Derecho Romano,* Tirant lo Blanch, Valencia, 1997, pág. 144. Torrent Ruiz sostiene que es probable que un *praetor maximus* fuera la primera magistratura republicana, pudiendo derivar el término del etrusco. Torrent Ruiz, A.: *Diccionario de Derecho Romano,* v. preator, Edisofer, Madrid, 2005, pág. 962. Kaser, M.: *Das römische Zivilprozessrecht,* CH Beck, München, 1996, pág. 37.

la celebración del juicio, confiriendo con su *imperium*[56] poder al juez para dirimir el conflicto[57].

Sin embargo, la función del pretor en el ámbito procesal no se agota con la autorización del proceso[58], el nombramiento del juez y la redacción de la fórmula (*actionem dare*)[59]. En algunos casos, el pretor interviene en la marcha del proceso a través de las funciones[60] de *dicere*[61] y *addicere*[62].

Estas resoluciones pretorias que inciden (o ponen fin, en su caso) al proceso, y que entrañan una cierta *causae cognitio,* tienen forma de *decretum*, y abarcaban el denominado *proceso cautelar* del Derecho moderno, decretando embargos

---

56 Betancourt, en cambio, considera que la *iurisdictio* es una manifestación de la *potestas,* poder civil que se atribuía a los magistrados y que no implicaba la facultad del uso de la fuerza contenida en el *imperium.* Por nuestra parte entendemos, con el resto de la doctrina, que la posibilidad de autorizar un litigio sin acuerdo previo de las partes, e imponer a una de ellas, de manera coactiva, la solución dada "en Derecho" es un acto de fuerza ligado íntimamente a la soberanía y al monopolio de la violencia que contiene, por lo que parece más apropiada su vinculación al *imperium* que a la *potestas.*

57 Aunque la *iurisdictio* (en nuestra opinión) deriva del *imperium* del magistrado, es una facultad autónoma que puede ser delegada a magistrados inferiores que carecen de aquél. Vid. Torrent Ruiz, A., *op. Cit,* v. *iurisdictio,* pág. 508. El debate sobre la delegabilidad de la función jurisdiccional renacerá, veinte siglos después, a propósito de la naturaleza del *Rechtspfleger* en la doctrina alemana. Vid. Infra.

58 Kaser, *op. Cit,* 41

59 D'Ors, *Op. Cit.*, 128

60 En expresión de Festo, *do, dico et addico.* Vid. Panero Gutiérrez, *op. Cit.* 144

61 Atribución a una de las partes de la posesión de bienes en litigio con carácter provisional, a modo de medida cautelar.

62 Atribución definitiva de bienes en litigio cuando se ha producido una forma de "terminación anormal del proceso" en la fase *in iure* (allanamiento, transacción, juramento decisorio).

provisionales y exigiendo promesas y cauciones[63]. En algunos casos, esta función de aseguramiento se desarrollaba como parte del proceso judicial, en la fase *in iure*, garantizando el buen fin de una eventual sentencia estimatoria. Pero en otras ocasiones se configura una actuación cautelar pretoria independiente y autónoma de la posible celebración de un proceso plenario: es el caso de ciertos embargos extrajudiciales[64] y de los interdictos.

D.2.1.1

Ulpianus libro primo regularum

Ius dicentis officium latissimum est: nam et bonorum possessionem dare potest et in possessionem mittere, pupillis non habentibus tutores constituere, iudices litigantibus dare.

D.2.1.1

Ulpiano en el primer libro de las reglas.

La jurisdicción es un oficio sumamente amplio, pues puede tanto dar posesión de bienes como ponerlos en posesión, nombrar tutores para los huérfanos y nombrar jueces para los litigantes[65].

La jurisdicción abarca, además, todas aquellas funciones que resulten necesarias para su ejercicio, como aclara Javoleno

D. 2.1.2

Iavolenus libro sexto ex Cassio

Cui iurisdictio data est, ea quoque concessa esse videntur, sine quibus iurisdictio explicari non potuit.

---

63 *Stipulationes pretoriae*

64 *Missio in bona et in possessionem*

65 Traducción del autor.

EL PROCESO PER FORMULAS

El proceso per formulas comenzaba con la citación solemne y ritual al demandado, realizada por el demandante, denominada *in ius vocatio.* Ante esta citación, el demandado estaba obligado a comparecer, so pena de ser llevado a la fuerza. El citado podía presentarse por sí mismo o presentar un *vindex*[66]. Además, debía prestar un juramento de comparecer en el juicio (*vadimonium*) garantizado con fiadores[67].

Personadas ambas partes ante el Pretor, el demandante solicitaba al órgano jurisdiccional la acción adecuada conforme al Edicto del Pretor. El magistrado, probablemente, podría en este momento aceptar a trámite la solicitud, dándole curso al proceso (*editio actionis*) o denegarla en caso de que claramente faltasen los presupuestos procesales indispensables para tramitar el litigio.

Ante la pretensión del actor, el demandado podría oponerse a la misma y rebatirla, formalizándose así el litigio, o allanarse (*in iure cessio*), dándose entonces por finalizado el proceso.

El Pretor, después de haber examinado el planteamiento del asunto desde el punto de vista formal (*causae cognitio*) decidía si el litigio estaba bien planteado, admitiendo "a trámite"

---

66 Probablemente se abandonó pronto la práctica de presentar un "rehén" que garantizara la comparecencia del demandado, siendo sustituida por la *cautio iudicatum solvi* que garantizaba cumplir la eventual condena, defenderse debidamente y abstenerse de toda malicia. Es posible que tal caución pudiera quedar cubierta con el nombramiento de un *cognitor* (Giménez Candela, T.: Notas en torno al vadimonium, en *Studia et documenta historiae et iuris,* 1982, 126). Quizás fuera suficiente con la comparecencia de un *procurator* D'Ors, *Op. Cit,* 133

67 Gutiérrez Masson, L.: ¿Existió un título VII de vadimoniis en el edicto del pretor? Argumentos para una nueva palingenesia de Lenel, ep, ** 17-24, en *Revista de la Facultad de Derecho de la Universidad Complutense,* 75(1989) Págs. 397-404.

la demanda o, por el contrario, si consideraba que había algún defecto en el planteamiento del proceso, denegaba la acción.

Si la acción era concedida y el demandado se oponía, se daría audiencia a las partes para que alegaran en su defensa y presentaran las pruebas. Esta fase de *iudicatio* en la que se "entraba en el fondo del asunto" se producía ante un juez o un árbitro legos en Derecho, nombrados por el magistrado.

Una vez practicadas las pruebas, el órgano judicial, que había "entrado en el fondo", dictaba una sentencia que ponía fin al litigio.

EL CONTROL DE LA ACTIVIDAD JUDICIAL Y JURISDICCIONAL EN DERECHO ROMANO

Dado el rigor de la distinción entre las funciones jurisdiccionales y judiciales en Derecho procesal romano que, como queda dicho, residían en órganos diferentes en el sistema clásico, se hizo necesario construir un sistema de control de la actuación de los diferentes actores del proceso para evitar invasiones de la esfera ajena o extralimitaciones[68]

En concreto, en época republicana, es probable que el control de los límites del poder jurisdiccional del Pretor viniera

---

68 Esto es así, entre otras cosas, porque, aun cuando dogmáticamente puedan distinguirse unas funciones de otras, en la práctica puede resultar muy complejo deslindar, en un caso concreto, si una actuación es jurisdiccional o judicial o, dicho de otro modo, y trasladando ya el debate al Derecho procesal actual, si una actuación de un órgano no judicial (en concreto del Letrado de la Administración de Justicia) incide en la función que reserva la Constitución a los jueces (juzgar y hacer cumplir lo juzgado) y vulnera, por tanto, no sólo el artículo 117 sino, probablemente, también el 24 de la Constitución).

dado por la *intercessio*, poder de veto que unos magistrados ostentaban sobre la actuación de sus *collegae*, y que también poseían los tribunos de la plebe para evitar excesos[69]. Coma Font cita el caso de Verres[70], si bien, a finales de la república este recurso devino ineficiente, por lo que, en el año 67 aC se aprobó un plebiscito denominado *lex Cornelia de iurisdictione*, llamado a verificar el deber de los magistrados de ceñirse a sus edictos en la administración de la justicia[71]. La corrupción del magistrado se insertaría en el ámbito del *crimen repetundarum*[72], que surgió, posiblemente, cerca de cuatro decenas antes de la ley Ebucia, para obtener de los ex gobernadores provinciales el reembolso del dinero obtenido ilícitamente durante su mandato. Esta pena fue ampliada al *duplum* por la *lex Acilia repetundarum* de Cayo Graco, y devuelto al *simplum* por la *lex Cornelia.* Más tarde se añadieron otros castigos, como el exilio y algunos otros aún más severos, según Macer:

> D.48.11.7.3 Macer 1 iudic. publ.
>
> Hodie ex lege repetundarum extra ordinem puniuntur et plerumque vel exilio puniuntur vel etiam durius, prout admiserint. quid enim, si ob hominem necandum pecuniam acceperint? vel, licet non acceperint, calore tamen inducti interfecerint vel innocentem vel quem punire non debuerant? capite plecti debent vel certe in insulam deportari, ut plerique puniti sunt.

---

69 Si bien, advierte Rascón, el magistrado tenía un amplio margen de discrecionalidad para conceder o denegar la acción, pues *no había normas que impusieran un* dare iudicium. Rascón, C. *op. Cit,* 182

70 Cic. *In Verr.* 2.I, 40-51. Vid. Coma Font, JM.: Sobre los límites de la potestad jurisdiccional de los magistrados romanos, en *Homenaje a Don Antonio Hernández Gil Vol. I,* Centro de Estudios Ramón Areces, Madrid, 2001, pág. 690 (689-708).

71 Aunque no se conserva el texto, Coma Font lo reconstruye a partir diversas fuentes. Coma Font, *cit.* 692.

72 Bello Rodríguez, S. Y Zamora Manzano, JL: Crimen repetundarum: status quaestionis, en *Revista General de Derecho Romano* 21(2013).

Hoy en día se les castiga fuera de la lex repetundarum y normalmente se les castiga con el exilio o incluso con mayor severidad, dependiendo de lo que admitan. ¿Y si recibieran dinero por matar a un hombre? ¿O, aunque no lo recibieron, impulsados por el calor, mataron a un hombre inocente o a uno a quien no deberían haber castigado? debían ser decapitados, o al menos deportados a una isla, así muchos de ellos fueron castigados.

Justiniano también estableció castigos corporales y confiscaciones en la Novela 8 de 535.

En cualquier caso, debe entenderse la responsabilidad del magistrado deferida al momento de su cese en la responsabilidad pública, pues mientras estuviera en ejercicio del cargo resultaba inmune, como advierte Ulpiano en el libro 42 *ad Sabinum*

Dig. 47.10.32

Ulpianus 42 ad sab.

Nec magistratibus licet aliquid iniuriose facere. Si quid igitur per iniuriam fecerit magistratus vel quasi privatus vel fiducia magistratus, iniuriarum potest conveniri. Sed utrum posito magistratu an vero et quamdiu est in magistratu? Sed verius est, si is magistratus est, qui sine fraude in ius vocari non potest, exspectandum esse, quoad magistratu abeat. Quod et si ex minoribus magistratibus erit, id est qui sine imperio aut potestate sunt magistratus, et in ipso magistratu posse eos conveniri.

Tampoco es lícito a los magistrados hacer nada perjudicial. Por lo tanto, si se ha hecho algo indebidamente por los magistrados, o como magistrado privado o de confianza, puede ser demandado por agravios. ¿Pero si fue nombrado magistrado o no, y cuánto tiempo estuvo en el cargo? Pero es más cierto que si se trata de un magistrado que no puede ser llamado a comparecer ante la justicia sin fraude, deberá esperar hasta que el magistrado cese en el cargo. Y aunque sea uno de los magistrados menores, es decir, de los que son magistrados sin mando ni poder, y pueden agruparse en el magistrado mismo.

Ya desde antiguo preocupó a los juristas el incorrecto ejercicio de la *iudicatio* por parte de los jueces[73]. Aulo Gelio[74] nos informa que las XII Tablas (9.3) castigaban con la pena capital al juez o árbitro que recibiera dinero para decidir la sentencia. Cabe preguntarse si este castigo tan severo se aplicó al magistrado que conocía todo el proceso en el proceso de las *legis actiones* o sólo al juez privado designado en la *iudicis postulatio* arbitral y la *condictio*. El texto de Gelio alude al juez y al árbitro *iure dati*, ciudadanos particulares nombrados por el magistrado que resolvían los litigios en las últimas *legis actiones*[75]. En cualquier caso, es sorprendente que los autores clásicos no hablen de este castigo, lo que hace que el texto sea sospechoso. Suetonio[76] nos dice que el emperador Domiciano *notavit,* es decir imponía una nota de infamia, a los jueces corruptos (*nummarios iudices*) y sus asesores (*cum suo quemque consilio*). Se trataba, por tanto, de una pena muy diferente de la pena capital para los jueces corruptos que aparece en el período postclásico en una constitución de Graciano, del año 383, inserta en el Cód. Teodosiano, considerándolos acusados de *pecular,* es decir, malversación de fondos. Por su parte, las *Pauli Sententiae* y la *Collatio* prevén la pena de muerte para los litigantes corruptos *humiliores,* mientras que para los *honestiores* la pena era el decomiso y para el juez la *deportatio in insulam.*

---

73 Probablemente la preocupación se incrementó con la atribución de la fase *apud iudicem* a *iudices privati,* legos en Derecho.

74 Noct. Att. 20.1.7 Dure autem scriptum esse in istis legibus quid existimari potest? Nisi duram esse legem, quae iudicem arbitrumve iure datum, qui ob rem (dicendam) <iudicandam> pecuniam accepisse convictus est, capite poenitur...

75 *Legis actio per condictionem* y *per iudicis arbitrive postulationem*

76 De vita XII Caes. 8,8 Ius diligenter et industrie dixit, plerumque et in foro pro tribunali extra ordinem...nummarios iudices cum suo quemque consilio notavit

PS.5.25.2= Coll. 8.5.1:

Qui ob falsum testimonium perhibendum vel verum non perhibendum pecuniam acceperit dederit iudicemve, ut sententiam ferat vel non ferat, corruperit corrumpendumve curaverit, humiliores capite puniuntur, honestiores publicatis bonis cum ipso iudice in insulam deportantur.

El que por dar falso testimonio, o por no decir la verdad, recibió dinero, o se lo dio al juez, para que diera o no veredicto, dando o recibiendo sobornos, si fuera humilde será castigado con pena capital, si fuera honesto será enviado a una isla y sus bienes confiscados, con el propio juez.

Cic (de off. 3.10.43-44) parece referirse al juramento de los jueces de ejercer correctamente la *iudicatio*, y también lo menciona el capítulo 69 de la *Lex Irnitana*, pero ninguna de las dos fuentes lo expresa categóricamente. Podría tratarse de un juramento general hecho por los jueces potenciales cuando accedían al *album Iudicum*, o bien un deber de jurar a propósito al asumir una disputa concreta, como creía Justiniano, cuando dice que la restablece en CJ.3.1.14pr. (de 530).

Cic. de off. 3.10.43 ... En neque... Contra iusiurandum ac fidem amici causa vir bonus faciet, nec si iudex quidem erit de ipso amico; ...44: Cum vero iuirato sententia dicenda sit, meminerit Deum se adhibere testem, ...

43... Pero tampoco... el hombre bueno jurará contra la confianza de un amigo, ni será juez de su propio amigo; ...44: Cuando el que haya jurado haya de pronunciar el veredicto, recuerde que utiliza a Dios como testigo,...

CJ.3.1.14pr. (du 530): Rem non novam neque insolitam adgredimur, sed antiquis quidem legislatoribus placitam, cum vero contempta sit, non leve detrimentum causis inferentem. cui enim non est cognitum antiquos iudices non aliter iudicialem calculum accipere, nisi prius sacramentum praestitissent omnimodo sese cum veritate et legum observatione iudicium esse dispondituros?

Llegamos a un asunto que no es nuevo ni inusual, pero que sí fue aceptable para los antiguos legisladores, aunque en realidad fue despreciado y no causó un ligero perjuicio a las causas.

Porque ¿quién no sabía que los jueces antiguos no aceptaban el nombramiento judicial, a menos que hubieran realizado primero el sacramento en todos los aspectos que les permitieran ser jueces con la verdad y la observancia de las leyes?[77]

En la *extraordinaria cognitio* todo el proceso era conocido por funcionarios imperiales, cuyas funciones no eran sólo judiciales y jurisdiccionales, sino también políticas y administrativas. A ello se debe que sus responsabilidades, en caso de corrupción en el juicio, pudieran incluirse en el marco general de los cargos públicos, regulado por la *lex Iulia repetundarum* de Julio César del 59 a. C. con la magnitud descrita por Marciano y Papiniano.

D.48.11.1pr. Marc. 14 inst.:

Lex iulia repetundarum pertinet ad eas pecunias, quas quis in magistratu potestate curatione legatione **vel quo alio officio munere ministeriove publico cepit**, vel cum ex cohorte cuius eorum est.

La lex iulia repetundarum se refiere a aquellos fondos que una persona ha tomado en ejercicio de la potestad de magistrado, en el tratamiento de una embajada, o en cualquier otro cargo, en el servicio público, o cuando es de la cohorte de uno de ellos.

D.48.11.9 Pap. 15 resp.: Qui munus publice mandatum **accepta pecunia ruperunt**, crimine repetundarum postulantur.

Quienes hayan quebrantado un cargo público recibiendo dinero, están obligados a ser castigados por el delito.

[77] Traducciones del autor.

Algunos textos de jurisconsultos clásicos tardíos, como Venuleyo[78] o Macer[79] declaran aplicable esta ley a los que aceptaron dinero para pronunciar o no pronunciar una sentencia, y para desviar el buen desarrollo de los juicios.

D.48.11.6.2 Ven. Sat. 3 publ. iudic.:

Lege iulia repetundarum cavetur, ne quis ob militem legendum mittendumve aes accipiat, neve **quis ob sententiam in senatu consiliove publico dicendam pecuniam accipiat**, vel ob accusandum vel non accusandum: utque urbani magistratus ob omni sorde se abstineant neve plus doni muneris in anno accipiant, quam quod sit aureorum centum.

Según la lex iulia de repetundarum se debe cuidar que nadie reciba dinero por dirigir el ejército, ni que nadie reciba dinero por una decisión que se ha de tomar en el Senado o en el consejo público, o por acusar. o no acusar; el castigo son cien de oro.

---

78 Ven. Sat. 3 publ. iudic. D.48.11.6.2: Lege iulia repetundarum cavetur, ne quis ob militem legendum mittendumve aes accipiat, neve **quis ob sententiam in senatu consiliove publico dicendam pecuniam accipiat**, vel ob accusandum vel non accusandum: utque urbani magistratus ob omni sorde se abstineant neve plus doni muneris in anno accipiant, quam quod sit aureorum centum.

79 Macer 1 iudic.publ. D.48.11.3: Lege iulia repetundarum tenetur, qui, cum aliquam potestatem haberet, pecuniam **ob iudicandum vel non iudicandum** decernendumve acceperit:
Eod. 7pr.: Lex iulia de repetundis praecipit, **ne quis ob iudicem arbitrumve** dandum mutandum iubendumve ut iudicet: neve ob non dandum non mutandum non iubendum ut iudicet: neve ob hominem in vincula publica coiciendum vinciendum vincirive iubendum exve vinculis dimittendum: neve quis ob hominem condemnandum absolvendumve: neve ob litem aestimandam iudiciumve capitis pecuniaeve faciendum vel non faciendum aliquid acceperit.

D.48.11.3 Macer 1 iudic.publ.:

Lege iulia repetundarum tenetur, qui, cum aliquam potestatem haberet, pecuniam **ob iudicandum vel non iudicandum** decernendumve acceperit:

Eod. 7pr.: Lex iulia de repetundis praecipit, **ne quis ob iudicem arbitrumve** dandum mutandum iubendumve ut iudicet: neve ob non dandum non mutandum non iubendum ut iudicet: neve ob hominem in vincula publica coiciendum vinciendum vincirive iubendum exve vinculis dimittendum: neve quis ob hominem condemnandum absolvendumve: neve ob litem aestimandam iudiciumve capitis pecuniaeve faciendum vel non faciendum aliquid acceperit.

Según la lex iulia de repetundarum, el que teniendo algún poder recibía dinero con el fin de decidir si juzgaba o no juzgaba:

Id. Pr. 7: La ley julia manda que nadie debe modificar una decisión dada u mandada por el juez o el árbitro: ni debe ser suprimida ni ser absuelto el reo condenado: ni debe el juez recibir nada por hacer o por no hacer, con el fin de evaluar la demanda o la condena.

Tres Constituciones de Graciano, Valentiniano y Teodosio nos muestran que los jueces de la *cognitio* estaban sujetos a las penas de esta ley en caso de soborno, aunque la ley inserta en el Código Teodosiano 9.27.5, se relaciona con la *peculatus*, que fue suprimido por los compiladores del Código de Justiniano 9.27.3.

CJ.9.27.2: Grat., Valentin., Theod.(382):

Sciant **iudices** super admissis propriis aut a se aut ab heredibus suis **poenam esse repetendam.**

Sepan los jueces que, al admitirlo (el soborno), la pena debe recaer en ellos mismos o en sus herederos.

CJ.9.27.3: Grat. Valentin. Theod. (383):

Omnes cognitores et iudices a pecuniis atque patrimoniis manus abstineant neque alienum iurgium putent suam praedam. Etenim privatarum quoque litium cognitor idemque mercator statutam legibus cogetur subire iacturam.

Que todos los jueces y cognitores mantengan sus manos alejadas del dinero y de las propiedades, y no consideren la riña ajena como presa propia. De hecho, también en casos privados, el cognitor y el mismo comerciante se verán obligados por las leyes a sufrir las consecuencias.

CT.9.27.5 Grat. Valentín. Theod. (383)

Omnes cognitores et iudices a pecuniis atque patrimoniis manus abstineant neque alienum iurgium putent suam praedam. Etenim privatarum quoque litium cognitor idemque **mercator parem capitis ac vitae, quae peculatus reos consuevit involvere,** cogetur subire iacturam.

Que todos los cognitores y jueces mantengan sus manos alejadas del dinero y de las propiedades, y no consideren la riña ajena como presa propia. En efecto, el cognitor en procesos privados, y el mismo comerciante, se verán obligados a soportar la pérdida de capital y de vidas, que suele acarrear al culpable de malversación de fondos.

CJ.9.27.4: Grat. Valentin. Theod. (386):

Iubemus hortamur, ut, si quis forte honoratorum decurionum possessorum, postremo etiam colonorum aut cuiuslibet ordinis a iudice fuerit aliqua ratione concussus **, si quis scit venalem de iure fuisse sententiam**, si quis poenam vel pretio remissam vel vitio cupiditatis ingestam, si quis postremo quacumque de causa improbum iudicem potuerit approbare, is vel administrante eo vel post administrationem depositam in publicum prodeat, crimen deferat, delatum approbet, cum probaverit, et victoriam reportaturus et gloriam.

Mandamos y exhortamos, que si alguno, por casualidad, de los honorables consejeros, o incluso de los colonos, o de cualquier rango, ha sido perjudicado por el juez por cualquier causa; si pudiera demostrar que es un juez malvado, ya sea administrar, o después de que la administración haya sido depositada, y trae el crimen, y cuando lo haya probado, obtendrá la victoria y la gloria.[80]

---

80 Traducciones del autor.

Una constitución de Honorio y Teodosio de 423, CJ.1.51.8, establece que los *cancellarii*, es decir, los secretarios judiciales, debían permanecer en sus provincias después de dejar el cargo y podían ser acusados, e incluso, si el caso lo requería, sometidos a torturas, para descubrir los delitos del juez (*ad detegenda iudicis flagitia*).

> CJ.1.51.8 Honor. Theodos (423):
>
> Nullus iudicum ad provinciam sibi commissam quemquam secum ducere audeat, cui domestici vel cancellarii nomen imponat, nec profectum ad se undecumque suscipiat, ne famae nota cum bonorum publicatione plectatur. periculo enim primatum officii cancellarios, sub fide gestorum ex eodem officio electos iudicibus applicari iubemus, ita ut post depositam administrationem nec militiam deserant et provincialibus praesentiam sui exhibeant, Quo volentibus sit accusandi eos facultas, si enim idonea causa exegerit, **ad detegenda iudicis flagitia** et quaestioni eos subdi oportet.
>
> *Ningún juez se atreva a llevar consigo a nadie a la provincia que le ha sido asignada, a quien dé el nombre de jefe de familia o de canciller, ni a emprender viaje desde ningún lugar, para que su reputación no se manche con la publicación de sus bienes. Porque en peligro de la primacía del cargo de cancilleres, mandamos que se apliquen a los jueces elegidos del mismo cargo bajo la confianza de quienes los han desempeñado, de tal manera que después del depósito de la administración no deben dejar a los militares y mostrar su presencia a los provinciales, debemos someternos a ellos*[81].

[81] Traducción del autor.

IURISDICTIO Y IUDICATIO EN LA EXTRAORDINARIA COGNITIO

En sentido amplio, *cognitio*, significa "conocimiento"; por eso puede aplicarse a la actividad tanto del magistrado (*causae cognitio*) como del juez en el proceso *per formulas*, pero en sentido técnico, la *cognitio* es un sistema procesal romano en el cual todo el proceso era asumido por jueces funcionarios.

El tránsito de uno a otro sistema no se produjo de modo súbito, ni debemos identificarlos, de manera rotunda, con los tres periodos en que, de modo habitual, acotamos el estudio del Derecho romano: arcaico, clásico y posclásico[82]. Del mismo modo que durante un largo periodo[83] coexistieron las *legis*

---

82 El tema de la periodificación ha sido muy debatido en la romanística, sin que podamos en este lugar agotar la exposición de las diferentes posiciones. Todos coinciden en distinguir, con un símil biológico, entre una primera fase germinal o embrionaria, una segunda de madurez y una tercera de decadencia, a la que se añadiría el periodo justinianeo. Las divergencias suelen recaer sobre los dos momentos «crepusculares» de la época clásica. Su comienzo suele referirse al inicio del Principado de Augusto, aunque otros lo adelantan a la aparición del proceso formulario, con la *lex Aebutia* hacia el 130 a.C. En cuanto al final, es habitual situarlo con Constantino, pero hay quien lo adelanta al comienzo de la Tetrarquía. Un estudio en profundidad puede encontrarse en Bernal Gómez, B., «Los períodos en la historia del Derecho romano», en Roset Esteve, J. (coord.), *Estudios en homenaje al profesor Juan Iglesias,* vol. 2, 1988.

83 Según un amplio sector doctrinal, desde la *lex Aebutia* del 130 a.C. que sustituyó la fórmula oral de la *condictio* por una escrita, hasta la *lex Iulia de iudiciis privatis,* del 17 a.C. en que Augusto dio carácter legitimo al sistema formulario. *Vid. Gai.* 4.30: «*Sed istae omnes legis actiones paulatim in odium venerunt. namque ex nimia subtilitate veterum, qui tunc iura condiderunt, eo res perducta est, ut vel qui minimum errasset, litem perderet; itaque per legem Aebutiam et duas Iulias sublatae sunt istae legis actiones, effectumque est, ut per concepta verba, id est per formulas, litigemus*». Pero todas estas acciones de la ley poco a poco

actiones y las *formulae*[84], en plena época clásica se produjo la aplicación simultánea del sistema formulario y el cognitorio [85].

Como señala Wenger, el tránsito se realizó lentamente y conservando los formalismos del Derecho antiguo, como correspondía al espíritu conservador romano. Lo fundamental de la *cognitio,* no está, para Jörs-Kunkel, en la forma como el juez conocía el contenido del litigio *(formulas),* sino en la intervención de jueces con jurisdicción pública, titulares del

---

fueron cayendo en descrédito. porque por la excesiva sutileza de los antiguos, que entonces fundaban los derechos, se llevó la cuestión a tal punto que cualquiera que cometiera el más mínimo error perdería el pleito. por lo tanto, por la ley de Ebucia y las dos Julias, estas acciones de la ley fueron eliminadas, y el resultado fue que debíamos disputar por medio de palabras concebidas, es decir, por medio de fórmulas.

84 Este periodo de algo más de un siglo es considerado por unos como todavía arcaico, por otros como clásico temprano y por otros como «preclásico».

85 La intervención imperial en las funciones jurisdiccionales pudo comenzar con la propia instauración del Principado por Augusto; es significativo el testimonio que proporciona *Suet.* 5.12.1 cuando, recordando el buen gobierno de Claudio, afirma que «consiguió con ruegos» (precario exegit) que fuesen válidas las decisiones que establecieran sus procuradores al juzgar, es decir, al pronunciar las sentencias («[...] utque rata essent quae procuratores sui in iudicando statuerent, [...]») y, a continuación (5.12.2) dice que «con frecuencia intervenía en el conocimiento de las causas de los magistrados, como si fuese uno de sus consejeros» (Cognitionibus magistratuum ut unus e consiliariis frecuenter interfuit). Por una parte, habla de sentencias pronunciadas por sus procuratores, es decir, de una evidente *cognitio extra ordinem,* y, por otra, de una intervención imperial en las cognitiones de los magistrados, lo que se refiere al procedimiento formulario. Pero, en este último caso parece que el emperador se mostraba formalmente respetuoso con la magistratura, actuando como simple *consiliarius.*

imperium, o poder soberano del Estado, que tenían la facultad de conocer de todo el proceso hasta la sentencia[86].

Tradicionalmente la doctrina retrasaba la aparición de la *cognitio* a los últimos tiempos del Principado, pero este surgimiento fue mucho más temprano de lo que se pensaba, puesto que, desde la época de Augusto, se aplicaba excepcionalmente a ciertos casos [87], sustanciándose ante funcionarios imperiales o magistrados especializados. En tiempos de Adriano, es decir, en el siglo II d.C., era ya la *cognitio* el procedimiento habitual[88] y, si bien los jurisconsultos seguían utilizando la plantilla del proceso formulario para sus *responsa,* se advierte en sus textos la presencia del nuevo sistema procesal, especialmente cuando

---

86 Jörs, P. y Kunkel, W., *Derecho Privado Romano,* 2.ª ed., Prieto Castro, L. (trad.), Barcelona, Labor, 1937, p. 537.

87 Volterra, E., *Istituioni di diritto privato romano,* Roma, Ricerche, 1974, p. 251, después de haber mantenido el origen provincial de la *cognitio extra ordinem,* afirma: «*Anche in Roma e in Italia, sin dal primo secolo, si applicava la procedura extra ordinem nelle controversi fra privati, dapprima in via ecceionale in materie espressamente contémplate dalla legge [...]*». Entre estas materias estaban las reclamaciones de fideicomisos, de *bona caduca,* de alimentos entre cónyuges, honorarios de profesiones liberales, promesas públicas *(pollicitationes),* cuestiones de tutela, procesos sobre estado civil, o *querella inofficiosi testamenti.*

88 Kaser, M., *Op. Cit.,* par. 66, I, p. 436, señala que el proceso formulario fue formalmente abolido en el siglo IV, aunque, en la práctica, finalizó con Diocleciano, aplicándose en solitario el procedimiento cognitorio. Poco antes, afirma que este procedimiento «funcionarial» tenía todavía en el Principado carácter extraordinario y complementaba al procedimiento formulario «ordinario»: «*Diese, amtlichen Verfahen haben noch unter dem Prinipat noch ausserordentichen Charakter, soweit sie nur ergänend neben den ordentlichen Formularprozess treten*»; D'Ors *Op. Cit.,* par. 123, afirma que, desde la época de Adriano la concurrencia de la *cognitio* con el *ordo* fue creciente y acabó por desplazarlo, precisamente, en el momento del tránsito a la época posclásica.

comentan los rescriptos imperiales, que, no lo olvidemos, estaban inspirados por ellos mismos [89].

La principal novedad de este sistema es que la justicia emana del Emperador. Éste actuaba a veces en primera instancia, pero normalmente en apelación de las causas falladas por jueces inferiores[90]. En la Cancillería imperial había una sección especial (*a cognitionibus*) para estos casos. El Emperador resolvía estas apelaciones por decreto y otras veces daba un "rescripto procesal" manifestando su criterio jurídico a un juez inferior para que las resolviera.

Los funcionarios de la burocracia imperial[91] que actuaban como jueces, además de ejercer funciones administrativas, por delegación del Emperador, relegaron de hecho a las antiguas magistraturas republicanas.

En las provincias, la potestad judicial correspondía a los Gobernadores, que seguían teniendo la máxima jurisdicción en sus territorios. Con la reforma dioclecianea de la administración romana, se añadieron a los anteriores los nuevos

---

89 *Vid.* Luzzatto, G. I., *Il problema d'origine del processo extra ordinem. I. Premesse di metodo. I cosiddetti rimedi pretori*, Bologna, Patròn, 1965, «In tema di origine nel processo "extra ordinem" (Lineamenti critici e ricostruttivi)», en *Studi Volterra* 2, Milano, 1971, pp. 665-757.

90 Bethmann-Hollweg, *Der römische Zivilprozeßrecht*, t. III, Bonn, 1866, *Cognitiones*; Kaser, *ZPR*, *op. cit.*, págs. 435-510. Al tener el funcionario una jurisdicción «delegada» se trataba de un recurso «devolutivo». *Vid.* Richard González, M., *La segunda instancia en el proceso civil*, Cedecs, 1998. Díaz Bautista, A., «La apelación en las constituciones de Diocleciano», en *Estudios sobre Diocleciano*,
Madrid, Dykinson, 2010, pp. 15-42.

91 Praefectus praetorio, Praefectus urbis, Vicarius in urbe, Praefectus annonae, Praefectus vigilum, los consulares en Italia, convertidos después en iuridici, etc.

funcionarios[92] que también actuaban como jueces además de desempeñar sus funciones administrativas.

Todos los funcionarios anteriores podían delegar la fase de prueba y la sentencia, en un juez inferior (*iudices pedanei*) con lo que reproducían, en cierto modo, el esquema del procedimiento formulario, reteniendo la función jurisdiccional.

Los funcionarios judiciales, que frecuentemente no eran expertos en Derecho, solían tener unos asesores jurídicos para estas cuestiones; en las provincias podían tener también asesores indígenas que les informaban sobre las costumbres locales. Además, como el desarrollo del proceso se hizo preferentemente escrito y fuertemente burocrático, existían unos oficiales *(apparitores)* encargados de la tramitación, como sucede en nuestros días.

A diferencia del proceso *per formulas,* en este nuevo sistema ya no había una lista taxativa de acciones. Además, desapareció la bipartición del proceso, aunque se podían seguir distinguiendo, y aún hoy se distinguen, los aspectos formales o procesales de los materiales o de fondo.

Desapareció la *litis contestatio,* aunque subsistían, y subsisten hoy, sus efectos; unos referidos al momento de la interposición de la demanda y otros, como el de la consumición de la acción, referidos al momento de la sentencia[93].

En general, el proceso, que ahora se desarrollaba por escrito, se hizo más burocrático, dejando menos margen a la iniciativa

---

92 Prefectos de las cuatro prefecturas, Vicarios de las diócesis, los Gobernadores de las nuevas provincias, llamados *praesidentes,* correctores, consulares, y procónsules, y los nuevos *defensores civitatum.*

93 Aunque la litispendencia impide la tramitación de un segundo proceso, tal como operaba en Roma la *exceptio res in iuidicium deducta.*

privada de las partes, que ahora debían soportar los gastos del proceso en forma de costas[94].

Contra las sentencias de los jueces inferiores cabía apelación[95] ante jueces superiores o ante el Emperador que revisaban la sentencia recurrida incluso entrando de nuevo en el fondo de la cuestión.

El proceso empezaba con la citación del demandado y alegaciones de las partes. Esta citación se hacía por el propio órgano judicial (*litis denuntiatio*) en Derecho clásico y postclásico; el demandado debía dar una promesa de comparecer garantizada por fiadores (*cautio iudicio sisti*) y una vez comparecidas las partes exponían sus argumentos al juez (*audientia*). En cambio, en Derecho justinianeo (procedimiento por libelo), el demandante presentaba al juez un escrito donde exponía sus razones (*libellus conventionis*), éste lo reenviaba al demandado para que lo contestase exponiendo sus razones para oponerse (*libellus contradictionis*), quedando así entablado el litigio.

Tal y como sucedía en el sistema *per formulas*, el procedimiento podía acabar anticipadamente por allanamiento, transacción o juramento decisorio, aunque éste último fue desapareciendo, siendo sustituido por el juramento "indecisorio" que no decidía el juicio, y, por tanto, no suponía la terminación anormal del proceso, sino que servía sólo como medio de prueba, fundiéndose con la prueba de confesión o interrogatorio de las partes.

En el sistema de la *cognitio*, el juez no tenía que limitarse a las pruebas presentadas por las partes, sino que podía recabar de oficio las pruebas que considerase necesarias, sustituyendo por tanto el sistema "dispositivo" que regía en el proceso *per*

---

94 Vid. Agudo Ruiz, A.: *Las costas en el proceso civil romano*, Dykinson, Madrid, 2013.

95 Vid. Díaz Bautista, A.: *La apelación. Cit.*

formulas por un sistema "inquisitivo". Sin embargo, el Juez no podía valorar libremente las pruebas, sino que había de atenerse a reglas fijas sobre valoración (prueba tasada).

La sentencia de la *extraordinaria cognitio* podía no entrar en el fondo de la cuestión absolviendo al demandado por razones puramente formales o procesales[96] o entrar en el fondo de la cuestión absolviendo o condenando al demandado[97]; de modo que no permitía volver a demandar, pero podía ser apelada ante un juez superior.

También se instaura en esta época la reconvención, pudiendo el funcionario encargado del proceso condenar al demandante si el demandando contestaba con otra reclamación relacionada con el mismo asunto.

En la *extraordinaria cognitio* la condena ya no era forzosamente pecuniaria, sino que el juez podía condenar a la restitución en especie de la cosa reclamada.

La ejecución personal seguía sin estar abolida; normalmente no se utilizaba, pero resurgía en ciertos momentos de crisis económica (prisión por deudas)[98].

La forma ordinaria de ejecución era la patrimonial[99]. Si la condena no era pecuniaria sino de restituir, se tomaba la cosa, incluso por la fuerza pública si era necesario (*manu militari*), y

---

96 Sentencia absolutoria en la instancia que dejaba imprejuzgada la cuestión y por tanto quedaba abierta la posibilidad de volver a demandar subsanando el defecto.

97 Sentencia definitiva que no permitía demandar de nuevo sobre el mismo asunto.

98 *Vid.* Díaz-Bautista Cremades, A.: Algunos elementos de ejecución personal en el Dominado, en *Revista Internacional de Derecho Romano* 10(2013) págs. 320-330

99 Ya no universal y concursal, sino sobre bienes singulares del deudor, como en Derecho actual.

se entregaba al demandante. Si la condena era pecuniaria, se daba el llamado *pignus in causa iudicati captum*: se embargaban bienes suficientes[100] para pagar con su valor al demandante. Estos bienes quedaban como en "prenda" (*pignus*) garantizando el pago de la condena; si pasado cierto tiempo no se pagaba se vendían en pública subasta y con lo obtenido se pagaba la condena y los gastos. Si sobraba algo (*superfluum*) se le devolvía al ejecutado[101].

---

100 Por un orden predeterminado: 1º los muebles y animales, 2º los inmuebles, 3º los derechos.

101 Es el origen del moderno sistema de embargos y subastas en ejecución de sentencias dinerarias. Vid. Díaz-Bautista Cremades, A.: *El embargo ejecutivo en la extraordinaria cognitio (pignus in causa iudicati captum)*, Marcial Pons, Madrid, 2012

Capítulo 2

Supervivencia de la distinción entre iurisdictio y iudicatio a través de la Historia

Como hemos visto, ambas funciones (digamos formal y material) quedaron sujetas a la potestad de un único responsable (magistrado-juez) desde el Principado y hasta nuestros días, lo que comporta que toda la tarea de resolución de controversias y aplicación coactiva del Derecho quede englobada bajo el concepto de "jurisdicción"[102], incluyendo tanto los aspectos formales (presupuestos procesales, viabilidad de la litis, admisibilidad de las excepciones, competencia del órgano) como los materiales (examen de las pruebas y resolución definitiva). Sin embargo, a lo largo del tiempo los diferentes legisladores han sido conscientes, de uno u otro modo, de que una cosa es denegar la acción *a limine*, mediante resoluciones interlocutorias y otra resolver la controversia "entrando al fondo de la cuestión" y que la actividad propiamente judicial de examinar las pruebas y resolver el litigio requiere de una primera comprobación, meramente jurídica[103], de que concurren los requisitos procesales previos y puede celebrarse un juicio válido.

De este modo, la sección segunda del capítulo II del Título II, del Libro II de la vieja Ley de Enjuiciamiento Civil española[104]

---

102 *Vid. supra*

103 *Jurisdiccional,* propiamente dicha

104 Real Decreto de 3 de febrero de 1881 por el que se aprueba el proyecto de reforma de la Ley Enjuiciamiento civil. Gaceta de Madrid

(artículos 532 ss) recogía, para el juicio de mayor cuantía, un listado tasado de *excepciones dilatorias* que debían resolverse con carácter previo por el órgano judicial con la intención de, una vez confirmada la correcta composición de la litis, dar paso al verdadero enjuiciamiento de la controversia. En aras a una pretendida celeridad, esta bipartición funcional del proceso no se reproducía en el juicio de menor cuantía, en el cual, el demandado alegaba, en un solo trámite, *todas las excepciones que tenga a su favor, así dilatorias como perentorias*[105], dando lugar, si se estimaban las primeras a una "sentencia interlocutoria" en la cual el juez debía rechazar la demanda, absteniéndose de pronunciarse sobre la acción ejercitada que quedaba de este modo, imprejuzgada, debiendo el actor, en su caso, iniciar un nuevo proceso.

La Ley de Enjuiciamiento Civil del año 2000 mantiene, como no puede ser de otro modo, la noción del "juez-magistrado" responsable de todas las cuestiones englobadas en la "función jurisdiccional" pero diseña un procedimiento (juicio ordinario) que recuerda, en cierto modo, al proceso *per formulas* romano[106], al imponer una separación temporal y procedimental entre una fase inicial (dominada por la "audiencia previa") y una fase, propiamente judicial, que denomina "juicio". Si esta primera fase "previa" se encomendara a una autoridad pública, revestida de *imperium*, que analizase la correcta constitución de la litis y la pertinencia de las pretensiones (sin prejuzgar su veracidad) y se encomendara la segunda, fase de juicio, a uno o varios ciudadanos (a modo de jurado) que escuchasen las pruebas y condenaran o absolvieran en los términos hipotéticos planteados por las partes

---

núm. 36, de 5 de febrero de 1881

105 Artículo 687

106 Vid. infra

con la aprobación del magistrado, estaríamos ciertamente en el terreno del proceso republicano romano.

Pero en lo que a este punto interesa es que el legislador, al diseñar el juicio ordinario, trató de delimitar las cuestiones formales, previas, dilatorias, de las de fondo, procurando que las primeras queden resueltas en la fase inicial que también tiene la función -como la fase *in iure* del proceso romano[107]- de concretar las alegaciones de las partes y determinar el objeto del proceso, que ya no va a poder ser alterado (prohibición de *mutatio libelli*), para dedicar la fase de juicio para el desarrollo de la *iudicatio*, que consiste en escuchar a los testigos, practicar las pruebas y dictar sentencia.

La audiencia previa del juicio ordinario, regulada en el capítulo II del Título II, del Libro II de la LEC, tiene una variedad de propósitos que corresponden con la misión de preparar la fase de juicio y despejar cualquier obstáculo que impida una sentencia definitiva, de un modo muy similar al que correspondía a la fase *in iure* del proceso *per formulas*

Así lo explica con claridad el apartado XII de la Exposición de Motivos de la Ley 1/2000:

XII

> (...) En la audiencia previa, se intenta inicialmente un acuerdo o transacción de las partes, que ponga fin al proceso y, si tal acuerdo no se logra, se resuelven las posibles cuestiones sobre presupuestos y óbices procesales, se determinan con precisión las pretensiones de las partes y el ámbito de su controversia, se intenta nuevamente un acuerdo entre los litigantes y, en caso de no alcanzarse y de existir hechos controvertidos, se proponen y admiten las pruebas pertinentes.
>
> En el juicio, se practica la prueba y se formulan las conclusiones sobre ésta, finalizando con informes sobre los aspectos jurídicos, salvo que todas las partes prefieran informar por escrito

---

107 *Vid. infra*

> o el tribunal lo estime oportuno. Conviene reiterar, además, que de todas las actuaciones públicas y orales, en ambas instancias, quedará constancia mediante los instrumentos oportunos de grabación y reproducción, sin perjuicio de las actas necesarias.

De este modo, y aun sometidas ambas fases a la dirección del juez-magistrado, se configura para el proceso ordinario un sistema de bipartición destinado a despejar, en una fase preliminar las objeciones "dilatorias" que provocarían una "sentencia interlocutoria"[108] así como fijar el objeto del proceso (reflejo de la fórmula republicana) y proponer y admitir las pruebas pertinentes. De este modo, resueltas todas las cuestiones previas en una auténtica fase *in iure*, queda para la denominada "fase de juicio" el ejercicio de la auténtica *iudicatio*: recibir las alegaciones de las partes, practicar las pruebas y dictar sentencia.

Aunque el juicio verbal que regula la LEC se celebra en unidad de acto (vista), tras la presentación de las partes de sus escritos de alegaciones (demanda y contestación según la reforma de 2015), su desarrollo también prevé la resolución de las cuestiones procesales con carácter previo al examen del objeto del proceso:

> Artículo 443.
>
> 2 Si las partes no hubiesen llegado a un acuerdo o no se mostrasen dispuestas a concluirlo de inmediato, el tribunal resolverá sobre las circunstancias que puedan impedir la válida prosecución y término del proceso mediante sentencia sobre el fondo de acuerdo con los artículos 416 y siguientes.
>
> 3. Si no se hubieran suscitado las cuestiones procesales a que se refieren los apartados anteriores o si, formuladas, se resolviese por el tribunal la continuación del acto, se dará

---

108 *nada más ineficaz que un proceso con sentencia absolutoria de la instancia*- afirma el apartado primero de la Exposición de Motivos de la LEC

la palabra a las partes para realizar aclaraciones y fijar los hechos sobre los que exista contradicción. Si no hubiere conformidad sobre todos ellos, se propondrán las pruebas y se practicarán seguidamente las que resulten admitidas.

Del mismo modo, la Ley reguladora de la Jurisdicción Social configura el desarrollo del juicio en el proceso ordinario siguiendo el esquema de bipartición del proceso:

Artículo 85. Celebración del juicio.

1. Si no hubiera avenencia en conciliación, se pasará seguidamente a juicio y se dará cuenta de lo actuado.

   Con carácter previo se resolverá, motivadamente, en forma oral y oídas las partes, sobre las cuestiones previas que se puedan formular en ese acto, así como sobre los recursos u otras incidencias pendientes de resolución, sin perjuicio de la ulterior sucinta fundamentación en la sentencia, cuando proceda. Igualmente serán oídas las partes y, en su caso, se resolverá, motivadamente y en forma oral, lo procedente sobre las cuestiones que el juez o tribunal pueda plantear en ese momento sobre su competencia, los presupuestos de la demanda o el alcance y límites de la pretensión formulada, respetando las garantías procesales de las partes y sin prejuzgar el fondo del asunto.

   A continuación, el demandante ratificará o ampliará su demanda, aunque en ningún caso podrá hacer en ella variación sustancial.

2. El demandado contestará afirmando o negando concretamente los hechos de la demanda, y alegando cuantas excepciones estime procedentes.

3. Únicamente podrá formular reconvención cuando la hubiese anunciado en la conciliación previa al proceso o en la contestación a la reclamación previa en materia de prestaciones de Seguridad Social o resolución que agote la vía administrativa, y hubiese expresado en esencia los hechos en que se funda y la petición en que se concreta. No se admitirá la reconvención, si el órgano judicial no es competente, si la acción que se ejercita ha de ventilarse en modalidad procesal distinta y la acción no fuera acumulable, y cuando no exista conexión entre sus pretensiones y las que sean objeto de la demanda principal.

No será necesaria reconvención para alegar compensación de deudas, siempre que sean vencidas y exigibles y no se formule pretensión de condena reconvencional, y en general cuando el demandado esgrima una pretensión que tienda exclusivamente a ser absuelto de la pretensión o pretensiones objeto de la demanda principal, siendo suficiente que se alegue en la contestación a la demanda. Si la obligación precisa de determinación judicial por no ser líquida con antelación al juicio, será necesario expresar concretamente los hechos que fundamenten la excepción y la forma de liquidación de la deuda, así como haber anunciado la misma en la conciliación o mediación previas, o en la reclamación en materia de prestaciones de Seguridad Social o resolución que agoten la vía administrativa. Formulada la reconvención, se dará traslado a las demás partes para su contestación en los términos establecidos para la demanda. El mismo trámite de traslado se acordará para dar respuesta a las excepciones procesales, caso de ser alegadas.

4. Las partes harán uso de la palabra cuantas veces el juez o tribunal lo estime necesario.

5. Asimismo, en este acto, las partes podrán alegar cuanto estimen conveniente a efectos de lo dispuesto en la letra b) del apartado 3 del artículo 191, ofreciendo, para el momento procesal oportuno, los elementos de juicio necesarios para fundamentar sus alegaciones. No será preciso aportar prueba sobre esta concreta cuestión cuando el hecho de que el proceso afecta a muchos trabajadores o beneficiarios sea notorio por su propia naturaleza.

6. Si no se suscitasen cuestiones procesales o si, suscitadas, se hubieran contestado, las partes o sus defensores con el tribunal fijarán los hechos sobre los que exista conformidad o disconformidad de los litigantes, consignándose en caso necesario en el acta o, en su caso, por diligencia, sucinta referencia a aquellos extremos esenciales conformes, a efectos de ulterior recurso. Igualmente podrán facilitar las partes unas notas breves de cálculo o resumen de datos numéricos.

7. En caso de allanamiento total o parcial será aprobado por el órgano jurisdiccional, oídas las demás partes, de no incurrir en renuncia prohibida de derechos, fraude de ley

o perjuicio a terceros, o ser contrario al interés público, mediante resolución que podrá dictarse en forma oral. Si el allanamiento fuese total se dictará sentencia condenatoria de acuerdo con las pretensiones del actor. Cuando el allanamiento sea parcial, podrá dictarse auto aprobatorio, que podrá llevarse a efecto por los trámites de la ejecución definitiva parcial, siempre que por la naturaleza de las pretensiones objeto de allanamiento, sea posible un pronunciamiento separado que no prejuzgue las restantes cuestiones no allanadas, respecto de las cuales continuará el acto de juicio.

8. El juez o tribunal, una vez practicada la prueba y antes de las conclusiones, salvo que exista oposición de alguna de las partes, podrá suscitar la posibilidad de llegar a un acuerdo y de no alcanzarse el mismo en ese momento proseguirá la celebración del juicio.

LA RECEPCIÓN DE LA *IURISDICTIO* EN LA EDAD MEDIA

La Alta Edad Media fue una época de gran pobreza social y cultural; por ello, el Derecho Romano, que había servido para una sociedad desarrollada, resultaba inaplicable. A pesar de ello hubo cierta presencia del Derecho Romano En los reinos germánicos surgidos tras la caída del Imperio. Se redactaron compilaciones de Derecho Romano vulgar, que siguieron aplicándose durante mucho tiempo. En las colecciones jurídicas de esta época se advierten elementos procedentes del Derecho Romano especialmente del Código justinianeo, junto al Derecho Canónico y al Derecho local de cada uno de los pequeños estados feudales.

La fundación del Sacro Imperio Romano Germánico en el año 800 fue el intento de recuperación del Imperio Romano de Occidente, mientras en Oriente se mantenía el imperio bizantino, heredero de la *pars orientalis.* Desde el primer momento, el Sacro Imperio favoreció la aplicación del Derecho Romano considerándolo como su Derecho propio. Por su parte,

Desde el siglo IV, la Iglesia había ido formando paulatinamente su propio Derecho; las relaciones de este Derecho Canónico con el Derecho Romano fueron estrechas: por un lado, Los cánones influyeron sobre el Derecho Romano postclásico, por otro, la técnica del Derecho Romano influyó en la formación del Derecho Canónico.

Durante la Alta Edad Media, dada la fragmentación del poder público, la jurisdicción se encontraba en manos de diferentes instancias, desapareciendo el monopolio estatal en la administración de justicia[109]. De entre las instancias dotadas de funciones jurisdiccionales destacan la jurisdicción señorial y los alcaldes foreros.

La primera era una jurisdicción especial en los territorios de señorío, en los que la justicia era impartía por el señor y los cargos por él designados. Esta jurisdicción se desarrolló durante la Edad Media en la península ibérica, y se mantuvo hasta la abolición del régimen señorial en 1811. Las limitaciones impuestas a la jurisdicción señorial hicieron que, con el tiempo, quedara reducida al conocimiento de las causas en primera instancia en asuntos civiles y delitos leves, percibiendo por ello las multas (penas de cámara). Los tribunales señoriales no podían imponer penas corporales sin autorización de la sala del crimen de las audiencias o chancillerías. Tampoco podía el señor conceder indultos, salvo condonación de multas. Las apelaciones se realizaban en la jurisdicción ordinaria ante las audiencias y chancillerías.

Los Tribunales del rey, de los condes, de los señores en sus señoríos y de las ciudades eran instancias independientes en

---

[109] Sánchez Arcilla Bernal, J.: La administración de justicia en León y Castilla durante los siglos X al XIII, en Riesco Terrero, Ángel (coord.). *I Jornadas sobre documentación jurídico-administrativa, económico-financiera y judicial del reino castellano-leonés (siglos X-XIII)*. Madrid, Universidad Complutense de Madrid, 2002, pp. 13-49.

las que se acusaba y condenaba. Podrían considerarse órganos estatales. En efecto, las cortes regias, condales, señoriales y las de las ciudades compartían la administración de justicia con los particulares. El mismo estado prefería ceder su jurisdicción si el resultado era resolver los conflictos, y procuraba buscar la verdad y la paz; castigar era secundario. Se castigaba, sancionaba, condenaba por fuera de esos tribunales, por medio de la venganza o del arreglo mediante acuerdo entre víctimas y victimarios o recurriendo a árbitros.

Sin embargo, el esfuerzo de los monarcas para retener el monopolio de la función jurisdiccional no cesó a lo largo de la Edad Media, aunque la debilidad del poder real impidiera su efectividad.

La Lex Romana Wisigothorum recoge una ley de Recesvinto que establece la exclusividad de la jurisdicción del rey, sin perjuicio de la posibilidad de que las partes designen un árbitro:

> 2.1.15.1 Dirimere causas nulli licebit, nisi aut a principibus potestate concessa, aut con sensu partium electo iudicem trium testium fuerit clectionis pactio signis vel suscriptionibus roborata.
>
> *Nadie podrá resolver casos, a menos que la autoridad concedida por los príncipes, o un juez de tres testigos, haya sido elegido por el consentimiento de las partes, y el acuerdo de elección haya sido reforzado por signos o suscripciones.*

Texto que a su vez parece concordar con una constitución de Justiniano recogida en C.3.1.14.1:

> 1. Cum igitur et viam non inusitatem invenimus ambulandam et anteriores leges nostrae, quae de iuramentis positae sunt, non minimam suae utilitatis experientiam litigantibus praebuerunt et ideo ab omnibus merito collaudantur, ad hanc in perpetuum valituram legem pervenimus, per quam sancimus omnes iudices sive maiores sive minores, sive qui in administrationibus positi sunt vel in hac regia civitate vel in orbe terrarum, qui nostris gubernaculis regitur, sive eos, quibus nos audientiam committimus vel

> qui a maioribus iudicibus dantur vel qui ex iurisdi ctione sua iudicandi habent facultatem vel qui ex recepto (id est compromisso, quod iudicium imitatur) causa dirimendas suscipiunt vel qui arbitrium peragunt vel ex auctoritate sententiarum et partium consensu electi, et generaliter omnes omnino iudices Romani iuris disceptatores non aliter litium primordium accipere, nisi prius ante iudicialem sedem sacrosanctae deponantur scripturae: et hoc permaneat non solum in principio litis, sed etiam in omnibus cognitionibus usque ad ipsum terminum et definitivae sententiae recitationem.
>
> *Por lo tanto, como hemos encontrado un camino que no es extraño y nuestras leyes anteriores, que se establecieron sobre los juramentos, no han dado a los litigantes la más mínima experiencia de su utilidad y, por lo tanto, son merecidamente aplaudidas por todos, hemos llegado a esta ley de validez perpetua, por la cual sancionamos a todos los jueces, sean mayores o menores, ya sean aquellos que están colocados en administraciones ya sea en esta ciudad real o en el mundo gobernado por nuestros gobiernos, ya sean aquellos ante quienes nos comprometemos a audiencia o aquellos que son dados por jueces mayores o que tienen capacidad para juzgar desde su propia jurisdicción o que desde la recepción (es decir, mediante compromissum, que se imita mediante sentencia) que la causa se resuelva ya sea por quienes llevan a cabo el arbitraje, o por la autoridad de las sentencias y por el consentimiento de las partes elegidas, y en general todos los jueces del derecho romano, que son litigantes de derecho, no pueden recibir de otra manera a juicio los casos, a menos que primero se establezcan las sagradas escrituras en la sede judicial: y que esto continúe no sólo al inicio del caso, sino también en todos los conocimientos hasta el mismo término y la recitación de la sentencia definitiva.*

Ciertamente, en las fuentes postclásicas y altomedievales no aparece ninguna referencia a la antigua distinción entre *iurisdictio* y *iudicatio*, pues ambas funciones quedaron refundidas con la generalización de la *extraordinaria cognitio* que residencia en los funcionarios imperiales ambas tareas.

En la Corona de Castilla los municipios tenían la capacidad, reconocida en sus fueros fundacionales, para nombrar a aquellas personas que debían ejercer la actividad jurisdiccional (alcaldes foreros)[110]. Estos alcaldes-magistrados aparecen en diversas fuentes medievales como el Fuero de Cuenca[111]. Más tarde, el Fuero Real de Alfonso X El Sabio[112] configura el estatus jurídico del alcalde como magistrado dotado de *imperium* y titular de *iurisdictio* exclusiva, privando de competencia a los señores feudales.

> Fuero Real 2.1
>
> LEY I Todo ome que morare so algun señorio e ficiere hi algun fecho malo porque deba haber pena de cuerpo o de haber e pasare morar a otro señorio alli responda e alli tome juicio ante aquel alcalle en cuya tierra fue el fecho e non pueda escusarse porque fue morar a otro logar
>
> LEY II Si algun ome ficiere demanda a otro sobre casa o sobre viña o sobre otra raiz cualquier ante aquel alcalle demande ô es la raiz Et si ficiere demanda de cosa que non sea raiz asi como de bestia o como de otra cosa mueble ante aquel alcalle le demande ô es morador aquel a quien demanda. Et si por aventura en otro lugar ô non es morador emprestido ficiere o pleito por alguna cosa facer e lo non cumplió si el demandador le fallare en el logar ô fue fecho el emprestido o el pleito alli

---

110 Bazán Díaz, I.: Asesorar a la justicia municipal en la Castilla medieval: los alcaldes ordinarios o foreros y la primera instancia judicial, en *Conseiller les Juges au Moyen Âge*, Toulouse, 2014, págs. 81-98

111 Promulgado hacia 1190, es uno de los primeros textos hispanos que recogen la influencia del Derecho Romano de la recepción junto a Derecho postclásico y tradiciones locales. El Fuero de Cuenca configura un Alcalde-Magistrado a semejanza del Pretor romano, auxiliado por un juez que podría recordar a la bipartición del proceso romano. Vid. Pérez Prendes y Muñoz de Arraco, JM.: De nuevo sobre el fuero de Cuenca, en *Fuero de Cuenca. Fragmento conquense.* Ayuntamiento de Cuenca, 1990, pág. 28.

112 Promulgado en 1255

lo pueda demandar si quisiere e el otro non se pueda escusar quel non responda porque diga que non es alli morador.

(...)

Fuero Real 2.2

LEY I Todas las cosas que el alcalle manda facer a algun ome asi como prendar o asentar o entregar o otras cosas que convengan al oficio del alcalle e aquel a qui lo mandare cumpliere el mandamiento del alcalle e alguno de aquellos contra qui fuere el mandamiento demandare a aquel que lo fizo alguna pena por aquello que fizo si aquel que lo fizo diere al alcalle manifiesto que gelo mandó facer o si por aventura el alcalle dixiere que non se acuerda o que non gelo mandó facer e aquel que lo fizo pudiere provar que el alcalle gelo mandó facer non aya ninguna pena nin sea tenudo de responder por ello mas el otro se pueda querellar al rey del alcalle si quisiere e el rey fagal derecho mas rey fagal derecho mas si non provare que el alcalle gelo mandó facer sea tenudo de responder por lo que fizo.

A partir del siglo XI se produjo en la Europa occidental un resurgimiento cultural y social. El Derecho Romano en su versión justinianea volvió a estudiarse y a aplicarse junto con el Canónico[113]. Se volvieron a manejar los textos del *Corpus Iuris Civilis* que habían permanecido casi olvidados[114], y muy especialmente el Digesto, que era la parte de mayor altura técnica Algunas circunstancias de esta época dificultaban la

---

113 La fundación de las universidades, con el ejemplo de Irnerio en Bolonia, y el hallazgo del Digesto, constituye, sin duda, uno de los grandes momentos fundacionales de la civilización occidental, no suficientemente reconocido en nuestro tiempo.

114 La doctrina discute hasta qué punto podría haber sido conocido el Digesto por los juristas antes de Irnerio. Aunque parece que el código y las novelas sí eran conocidas, no hay ninguna referencia al Digesto en las fuentes entre el año 603 y el 1070. Vid. Margadant, G.: *La segunda vida del Derecho Romano,* Porrúa, México, 1986, pág. 86.

aplicación del Derecho Romano, pero lentamente se fueron superando. El Derecho Romano aparecía como el Derecho del Sacro Imperio, y el Derecho Canónico del Pontificado. En los momentos de discordia entre ambos poderes, la Iglesia trató de frenar la aplicación del Derecho Romano. Por otra parte, la práctica de la población europea occidental se basaba en el Derecho Romano vulgar, de modo que el Derecho Romano "clasicista" de la Compilación justinianea aparecía como "extraño" y demasiado complicado técnicamente. Además, en cada ciudad o pequeño Estado se había desarrollado un Derecho autóctono (Estatutos) fuertemente arraigado en la población.

Los juristas de esta época lograron incorporar elementos canónicos al Derecho Romano, creando el llamado Derecho Común que se extendió por toda Europa. Este *ius commune* aparecía integrado por un elemento técnico (los conceptos del Derecho Romano justinianeo) y un elemento ideológico (el pensamiento cristiano incorporado a través del Derecho Canónico).

El método para el estudio del Derecho Común fue la lógica escolástica, cultivada inicialmente por las Escuelas de Bolonia. La Recepción fue un fenómeno cultural que surgió con la creación de las Universidades medievales, (siglos XI y XII) especialmente la de Bolonia (Italia) y de ahí se irradió a todas las demás Universidades europeas. Posteriormente (siglos XII y XIII), surgieron por toda Europa escuelas de Glosadores[115],

---

115 Entre los muchos Glosadores destacaron: Pepo, de quien sólo sabemos que comenzó a explicar el Derecho Romano a sus discípulos a finales del siglo XI, Irnerio, (siglo XII), que creó una importante escuela en la que sobresalieron sus cuatro discípulos: Búlgaro, Martino, Hugo y Jacobo; Azón, (siglos XII y XIII), cuya autoridad en cuestiones jurídicas fue proverbial, Acursio, (siglo XIII), el más famoso de los glosadores, que compiló todas las glosas de sus predecesores

juristas que realizaban aclaraciones terminológicas en los textos del *Corpus Iuris* ("glosas") y las incorporaban en las propias páginas como notas al margen. Por último, los Postglosadores o Comentaristas[116] (siglos XIV y XV), en lugar de ir glosando los textos aisladamente realizaron comentarios sistemáticos sobre el *Corpus Iuris*.

LA RECEPCIÓN DEL DERECHO COMÚN EN EUROPA

Los monarcas, aunque frecuentemente no aceptaban la supremacía del Sacro Imperio, eran favorables a la Recepción, para fortalecer su poder frente a la nobleza. Aprovechaban fundamentalmente las ideas absolutistas del Derecho Romano público del Dominado, que era el que se había transmitido en la Compilación justinianea, para justificar la independencia del poder civil frente al papado. Los estudiantes en las universidades italianas, y después en las de sus propios países, aprendían el Derecho Romano de la recepción, y procuraban aplicarlo en su labor profesional. La burguesía, nueva clase social que aparecía en las ciudades, formada por personas que no eran ni nobles ni vasallos y que se dedicaban al comercio y a la incipiente industria, aceptaba el Derecho romano por considerarlo más adecuado a la economía mercantil, especialmente por su carácter racional y su aplicación universal, que aportaba certeza a las relaciones comerciales. Aprovechaban fundamentalmente el Derecho privado *liberal* de la época clásica que se

---

y las suyas, formando una obra inmensa llamada "Glosa ordinaria", "Glosa acursiana" o simplemente "Glosa".

116 Entre los Comentaristas destacaron: Cino de Pistoia (siglos XIII y XIV), Bártolo de Sassoferrato (siglo XIV), uno de los más importantes juristas de la Historia cuyas obras fueron utilizadas durante muchos siglos como texto docente y Baldo de Ubaldi (siglo XIV), que ejerció una enorme influencia junto con Bártolo, en toda Europa.

recogía en la compilación de Justiniano. La nobleza, que continuaba apegada a los privilegios feudales, mostraba resistencia porque entendía que el Derecho romano de la recepción favorecía por un lado el absolutismo del poder real, y por otro el auge de la burguesía. El pueblo, vinculado a la tradición, del Derecho romano vulgar, recibido a través de las *leges romanae barbarorum,* y a sus ordenamientos y fueros locales, era contrario al Derecho común romano-canónico que aparecía como un Derecho "nuevo".

En las regiones del sur de Francia, la penetración del Derecho Común fue muy fácil y rápida, porque la tradición romana era más fuerte en aquellas tierras. En cambio, en las regiones del norte la penetración fue más lenta y difícil por existir un Derecho consuetudinario muy desarrollado *(Droit coutumier),* pero los juristas fueron armonizando este Derecho autóctono con el Derecho Común y en la Edad Moderna acabó por triunfar la Recepción.

En los distintos reinos españoles se produjo también una diferente acogida de la recepción: En Cataluña, Mallorca y Valencia, la penetración de la recepción fue rápida y muy intensa, debido a la mayor proximidad con Italia, la tradición de una romanización muy fuerte, y al desarrollo de una burguesía mercantil e industrial. La influencia de la recepción se aprecia muy fuertemente aún en nuestros días en el Derecho Foral de esas regiones. En Aragón y Navarra la penetración fue más lenta y de carácter más doctrinal que práctico, pero también dejó su huella. En Castilla y León, la penetración también halló fuerte resistencia. Alfonso X el Sabio mandó realizar una gran recopilación en castellano del Derecho Común, las Siete Partidas, de muy alto nivel técnico y gran claridad en su redacción. Aunque fueron poco aplicadas en su época, se convirtieron en Derecho subsidiario y con el tiempo se impusieron como Derecho tradicional castellano. Constituye la obra más brillante de la tradición jurídica española[117].

Siguiendo la tradición de fusión de *iurisdictio* y *iudicatio* heredada de la *extraordinaria cognitio*, las partidas no dedican una regulación específica a las funciones de "administración de justicia" diferenciadas de la acción de juzgar, sin que define la competencia de los jueces en el marco de la lucha por afianzar el monopolio real de la jurisdicción:

> Partidas 3.4.1
>
> Los juzgadores que hacen sus oficios como deben tienen nombre con derecho jueces, que quiere tanto decir como hombres buenos que son puestos para mandar y hacer derecho. Y de estos hay de muchas maneras; y los primeros de ellos y los más honrados son los que juzgan en la corte del rey, que es cabeza de toda la tierra y vienen a ellos todos los pleitos de los que los hombres se agravian; otros hay aun sin estos que son puestos señaladamente para oír las alzadas de los jueces sobredichos, y a tales como estos llamaron los antiguos sobrejueces por el poder que tienen sobre los otros, así como sobredicho es, otros hay que son puestos sobre reinos o sobre otras tierras señaladas, y llámanlos adelantados por razón que el rey los adelanta para juzgar sobre los jueces de aquellos lugares; otros jueces hay que son puestos en lugares señalados, así como en las ciudades o en las villas, o allí donde conviene que se juzguen los pleitos; y aún otros hay que son puestos todos los menestrales de cada lugar o por la mayor partida de ellos, y estos tienen poder para juzgar los pleitos que acaecen entre sí por razón de sus menesteres. Y todos estos jueces que hemos dicho llámanlos en latín ordinarios, que muestra tanto como hombres que son puestos ordenadamente para hacer su oficio sobre aquellos que han de juzgar cada unos en los lugares que tienen. Otra manera hay aún de jueces a los que se llaman delegados, que quiere tanto decir como hombres que tienen poder de juzgar algunos pleitos señalados, según les mandan los reyes o

117 Figuras destacadas de la Recepción en Castilla en el siglo XIII fueron: el Maestro Jacobo de las Leyes, colaborador del Rey Sabio y Martínez de Zamora.

> los adelantados o los otros jueces ordinarios; y sin todos estos, hay aún otros que son llamados en latín árbitros, que muestran tanto como juzgadores de albedrío, que son escogidos para librar algún pleito señalado con otorgamiento de ambas partes.

Sin embargo, pese a la atribución -aparentemente exclusiva- de la jurisdicción a los jueces, las Partidas mencionan también la competencia de los alcaldes para juzgar los pleitos, probablemente como un recuerdo de los "alcaldes foreros" que hemos mencionado *supra:*

> Partidas 4.27.
>
> ... Y por ello dijo Aristóteles que si los hombres hubiesen entre sí verdadera amistad, no habrían menester justicia ni alcaldes que los juzgasen porque la amistad les haría cumplir y guardar aquello mismo que quiere y manda la justicia.
>
> Partidas 7.1.2
>
> Acusar puede todo hombre a quien no le es prohibido por las leyes de este libro nuestro. Y aquellos que no pueden acusar son estos: la mujer y el niño que es menor de catorce años, y el alcalde o el merino o el adelantado que tenga oficio de justicia...

Menciona, por otro lado, el Rey sabio, junto a los jueces, a los escribanos (antecedente del secretario judicial que, posteriormente, se transformarán en letrados de la administración de justicia)[118]. En la configuración alfonsina, los escribanos son

---

[118] Estos escribanos perdurarán en nuestra tradición histórica procesal a lo largo de los siglos. Con la Ley Orgánica del Poder Judicial de 1870 se creó la figura de "escribanos de actuaciones" a los que se les encomendaba "entender fielmente y autorizar con su firma las actuaciones, providencias, autos y sentencias que pasen ante ellos". En 1911, pasaron a denominarse secretarios judiciales titulares de la fe pública judicial. En 2015 se transformarán en los actuales Letrados de la Administración de Justicia.

notarios acreditados ante el Rey que, junto a otras funciones privadas, *han de escribir y hacer cartas de pesquisas y de otros pleitos en que cae pena de muerte o de lesión.*

> Partidas 3.19
>
> Ley 1: Escribano tanto quiere decir como hombre que es sabedor de escribir, y hay dos maneras de ello: los unos, que escriben los privilegios y las cartas y las actas de la casa de las ventas y de las compras, y los pleitos y los posturas que los hombres ponen entre sí en las ciudades y en las villas. Y el provecho que nace de ellos es muy grande cuando hacen su oficio lealmente pues se quitan los impedimentos y se acaban las cosas que son menester en el reino por ellos; y queda memoria de las cosas pasadas en sus registros, en las notas que guardan y en las cartas que hacen.
>
> Ley 2: Leales y buenos y entendidos deben ser los escribanos de la corte del rey y que sepan bien escribir de manera que las cartas que ellos hicieren, bien semeje que de corte de rey salen y las hacen hombres de buen entendimiento. Otrosí decimos que los escribanos públicos son puestos en las ciudades y en las villas y en los otros lugares, que deben ser hombres libres y cristianos de buena fama. Y otrosí deben ser sabedores de escribir bien y entendidos del arte de la escribanía, de manera que sepan bien tomar las razones y las posturas que los hombres pusieren entre sí ante ellos; y deben ser hombres que guarden los secretos, de manera que los testamentos y las otras cosas que les fueren mandadas escribir en secreto, que no las descubran de ninguna manera, fuera de sí fuesen en daño del rey o del reino; y además decimos que deben ser vecinos de aquellos lugares de donde fueren escribanos, porque conozcan mejor los hombres entre quienes hicieron las cartas. Y aún decimos que deben ser legos, porque han de escribir y hacer cartas de pesquisas y de otros pleitos en que cae pena de muerte o de lesión, lo que pertenece a clérigo ni a otros hombres de orden, y además, porque, si hiciesen algún yerro por el que mereciesen pena, que se lo pueda el rey reprochar.

En los territorios de Alemania sometidos al Imperio la penetración fue rápida, en cambio, en los no incorporados la recepción fue muy lenta y dificultosa. Pero mucho más tarde (siglos XVIII y XIX) acabó por triunfar muy intensamente.

En Inglaterra, en un primer momento, La recepción se incorporó de manera rápida e intensa, pero se desarrolló un Derecho nacional *(common law)* que fue desplazando al Derecho Romano (conocido como *civil law*). En la Edad moderna, el *common law* desplazó casi totalmente al Derecho romano de la recepción[119].

También en las Islas Británicas se mantuvo el proceso romano de la *extraordinaria cognitio* durante la Alta Edad Media, con influencias de los distintos invasores[120], así como la recepción del *ius commune* que incorporó elementos del Derecho canónico y configuró el proceso judicial en la baja Edad Media en toda Europa y, a partir del siglo XVI, en América. Según Nieva Fenoll[121], la diferencia entre el sistema procesal anglosajón y el continente proviene de esta época, donde se consolida un sistema distinto[122], basado en la confianza en el juez, que hereda la fase *in iure* del proceso formulario[123] transformándola en el conocido como *pretrial.* Por otro lado, quizás en recuerdo de la bipartición del proceso romano, se consolida en el ámbito anglosajón la derivación del pleito -una vez fijada la litis ante el juez- a sistemas de ADR o a jurados legos que bien, junto a

119 Posiblemente, porque los monarcas trataron de apoyarse en el Derecho público romano para gobernar de manera absoluta, intento que acabó fracasando.

120 Nieva Fenoll, J. *El origen… Cit,* pág. 3

121 Nieva Fenoll, J.: ¿Es tan diferente el proceso civil inglés de los procesos del continente? En *Diario LA LEY* 10384(2023) págs. 1-11

122 Pero con un origen común

123 Resulta especialmente llamativo encontrar rastros del proceso *per formulas* (y aún de las *legis actiones*) en el proceso judicial anglosajón ya que, según la doctrina romanística, en provincias nunca llegó a aplicarse el *ordo iudiciorum,* sino que se resolvían las controversias mediante la *extraordinaria cognitio* que finalmente se impuso en todo el imperio. Vid. Nieva Fenoll, *Op. Cit.* Pág. 2

Nieva Fenoll[124], nos recuerdan a los jueces y tribunales legos del proceso *per formulas*.

Es una ley de Alfonso XI dada en 1325, confirmada por otra de Enrique II del año 1371, recogidas ambas en la Novísima Recopilación la que utiliza, por primera vez, el término *jurisdicción* para referirse a la actividad judicial, como potestad exclusiva del rey para dirimir los pleitos:

Novísima 4.1.2 (Alfonso XI, 1325)

> El Rey funda su intencion de Derecho comun acerca de la jurisdiccion civil y criminal en todas las ciudades, y villas y lugares de sus Reynos y Señoríos; y por esto antiguamente ordenaron los Reyes nuestros progenitores, y Nos ordenamos, que qualquier Perlado, hombre poderoso que tiene entrada y ocupada la jurisdiccion de qualquier de las dichas ciudades, villas y lugares , es tenudo de mostrar, y muestre ante Nos, título privilegio por donde la tal jurisdiccion le pertenezca: en otra manera no seria consentido usar de ella.

Novísima 4.1.1 (Enrique II, 1371)

> Jurisdiccion suprema civil y criminal· pertenesce á Nos, fundada por Derecho comun, en todas las ciudades y villas y lugares de nuestros Reynos y Señoríos; y por esto mandamos, que ninguno sea osado de estorbar ni impedir en los lugares de Señorío la Jurisdiccion suprema que tenemos en defecto de los Jueces inferiores, para que Nos la hagamos y cumplamos como convenga á nuestro servicio y guarda de los tales lugares: y otrosí, que no sean osados de impedir ni estorbar las alzadas y apelaciones que los vecinos y moradores de todos y qualesquier lugares de Señorío , y otros qualesquier que quisieren alzarse y apelar, sintiéndose por agraviados de los Señores de ellos, de sus Alcaldes y Jueces, para ante Nos en nuestras Audiencias: y no les hagan mal ni daño alguno por esta razon, ca Nos los tomamos so nuestro seguro y amparo: ni sean osados de impedir ni estorbar los pleytos de las viudas y de los huérfanos, y de los pobres y personas miserables de los tales lugares, y en los casos de nuestra Corte que por las leyes de nuestros

124 Op. Cit.

Reynos se pueden traer ante Nos, ni á los agraviados que se vinieren á quejar ante Nos : y otrosí mandamos á los que tuvieren así las dichas ciudades, y villas y lugares de Señorío, que obedezcan y guarden nuestras cartas de emplazamientos y mandamientos.

Los textos transcritos, en realidad, no vienen a suprimir la potestad judicial de señores y alcaldes sino a configurar una competencia de alzada ante el rey en todos los pleitos, sugiriendo que la potestad jurisdiccional de los órganos inferiores proviene del poder real lo cual, en el siglo XIV cuando se promulgaron, no pasaría de ser una aspiración real.

Dicho monopolio real de la función jurisdiccional, aún embrionario en esta época, se afirma también frente al clero, tratando de hacer efectivo el principio *rex imperator in suo regno*, tal como recoge la Novísima Recopilación en una ley otorgada por Juan I en 1385:

Novísima Recopilación 4.1.3

Ningun Eclesiástico Juez sea osado de impedir nuestra jurisdiccion Real por via de simple querella, ni en grado de apela don ni en otra manera alguna, porque la apelacion no puede pasar de una jurisdiccion en otra, que es agena y extraña de ella: y del impedimento y ocupacion de la nuestra Jurisdiccion o Señorío ninguno puede conocer sino Nos: y podemos compeler y apremiar á los Perlados, que simplemente muestren ante Nos su derecho, si alguno tienen sobre la jurisdiccion que en nuestros Reynos Nos pertenescen.

Invasión de la jurisdicción real por parte de la canónica que castiga Enrique IV en 1455 con la pérdida de la potestad en el territorio soberano como recoge el siguiente texto y otros concordantes:

Novísima Recopilación 4.1.4 (Enrique IV, 1455)

Mandamos, que los Perlados y Jueces eclesiásticos, que usurparen la nuestra jurisdiccion Real, y en ella se entremeten en los casos que les no es permitido por Derecho, que por el mismo hecho hayan perdido y pierdan la naturaleza

> y temporalidades que en los nuestros Reynos han y tienen, y sean habidos por extraños dellos, y no los puedan mas haber y tener en nuestros Reynos.

Del mismo modo, el Febrero Novísimo[125], expresa que *juez es una persona revestida de jurisdicción, y como mediadora entre actor y reo, que declara y da a cada uno lo que le corresponde sobre su pretensión, según las leyes establecidas, y los méritos del proceso.* Y continúa más adelante[126], *Empezando pues por el juez ordinario, se llama así el que ejerce la jurisdicción ordinariamente o en virtud de su mismo oficio...* aclarando a continuación que *la jurisdicción es la potestad que corresponde a los jueces por autoridad pública para conocer y sentenciar en los pleitos civiles y criminales. La suprema jurisdicción en lo civil y criminal solo reside en el Rey... A toda jurisdicción va anejo el poder de hacer cumplir las sentencias, y esto se llama imperio o potestad armada.*

De esta definición "moderna" de la *iurisdictio* debemos decir algunas cosas: la primera es que se consagra la concepción de la función judicial como monopolio exclusivo del Rey, manifestación de la soberanía del monarca (titular del *imperium*), quien designa a las personas que ejercen la jurisdicción. Además, se configura ya la idea de que la ejecución de resoluciones es parte de la función judicial, premisa que recibirá la Constitución Española[127] pero, sobre todo, en lo que más nos interesa a los efectos de este trabajo, que se consolida la concepción de "jurisdicción" como ejercicio de la *iudicatio*, es decir, capacidad para resolver pleitos y dictar sentencia. No queda rastro ya (en Derecho castellano, desde el siglo XIV)

---

125 Febrero, J.: *Febrero novísimo o librería de jueces, abogados y escribanos,* Tomo I, Título II, Capítulo I, 3ª Ed. Valencia, 1837.

126 Ibid. Capítulo II

127 Artículo 117.3

de una antigua distinción entre la "administración de la justicia" (*iurisdictio*) y su ejercicio (*iudicatio*).

Junto a los jueces -titulares indiscutibles de ambas funciones: *iurisdictio* y *iudatio*- el Derecho histórico castellano coloca a otras autoridades públicas (escribanos y relatores) cuyas funciones se recogen en el artículo 55 del Real Decreto de 30 de septiembre de 1853[128], que recoge lo siguiente:

> Art. 53. Los escribanos de cámara y de juzgados deberán dar cuenta al Juez o Tribunal respectivo de cualquiera petición o documento que se les presente, dentro del mismo día que lo reciban siendo en hora hábil, o en el acto si la urgencia lo requiere: practicarán las notificaciones con arreglo y bajo las penas de la ley, y cumplirán todas las obligaciones que se les imponen por esta instrucción, o sean propias de su oficio según derecho, cuando más al día siguiente de proceder legalmente que así se verifique. Tendrán por último obligación de advertir a los jueces de la conclusión de todos los términos señalados para la tramitación.
>
> Los mismos deberes pesarán sobre los Relatores y demás funcionarios de cualquier clase que intervienen en los juicios por lo respectivo a los actos de su incumbencia.

Aunque la función de estas autoridades claramente es de auxilio al juez, no debe desdeñarse el hecho de que conservan una potestad de "ordenación del proceso" como es el control de los términos y plazos, es decir, el impulso procesal. La tarea de estos escribanos y relatores, ciertamente queda muy lejos de la potestad pública (derivada del *imperium*) que poseían los magistrados romanos, aunque con el andar de los tiempos, en el siglo XXI, acaben ostentando una función muy parecida a la *iurisdictio*.

---

128 Gaceta de Madrid, 4 de octubre de 1853

JURISDICCIÓN, JUECES Y SECRETARIOS EN LAS LEYES DE ENJUICIAMIENTO DE 1855 Y 1881 Y REFORMAS POSTERIORES

La Ley de Enjuiciamiento Civil de 1855, sancionada el 13 de mayo por Isabel II, fue el primer código procesal de la etapa contemporánea y recoge los postulados de la Instrucción del Marqués de Gerona de 1853. En la misma no se establece un concepto de jurisdicción pero se recoge la atribución histórica de las funciones estudiadas (*iurisdictio* y *iudicatio*) a los jueces y tribunales, atribuyendo a los escribanos un carácter auxiliar de fedatarios públicos y colaboradores en la tramitación del proceso.

Otro tanto ocurre con la Ley de Enjuiciamiento Civil de 1881, cuya vigencia se prorrogó hasta el siglo XXI. En ella, el término "jurisdicción" se utiliza unas veces como sector de la judicatura:

> Artículo 51.
>
> La jurisdicción ordinaria será la única competente para conocer de los negocios civiles que se susciten en territorio español entre españoles, entre extranjeros y entre españoles y extranjeros.

Y otras como potestad o función del juez, que ostenta el poder de dirimir los pleitos:

> Artículo 56.
>
> Será Juez competente para conocer de los pleitos a que dé origen el ejercicio de las acciones de toda clase, aquel a quien los litigantes se hubieren sometido expresa o tácitamente.
>
> Esta sumisión sólo podrá hacerse a Juez que ejerza jurisdicción ordinaria y que la tenga para conocer de la misma clase de negocios y en el mismo grado.

O bien como territorio sobre el que ejerce su función el tribunal:

> Artículo 62.
>
> 3. (...)
>
> Cuando la acción real se ejercite sobre varias cosas inmuebles, o sobre una sola que esté situada en diferentes jurisdicciones, será Juez competente el de cualquiera de los lugares en cuya jurisdicción estén sitos los bienes, a elección del demandante.

También se usa "jurisdicción" para distinguir entre los procesos contenciosos y aquellos en que se solicita la intervención judicial sin que exista un litigio entre las partes (jurisdicción contenciosa y voluntaria)

> Artículo 1.
>
> El que haya de comparecer en juicio, tanto en asuntos de la jurisdicción contenciosa como de la voluntaria, deberá verificarlo ante el Juez o Tribunal que sea competente, y en la forma ordenada por esta Ley

También la Ley Orgánica del Poder Judicial de 1870 configura la potestad exclusiva de los jueces y magistrados en la actividad judicial, en los términos que ya se consolidan como tradicionales en España:

> Artículo 1.° La justicia se administrará en nombre del Rey.
>
> Art.. 2.° La potestad de aplicar las leyes en los juicios civiles y criminales, juzgando y haciendo ejecutar lo juzgado, corresponderá exclusivamente á los Jueces y Tribunales.

La Ley de Enjuiciamiento Civil de 1881 tuvo 120 años de vigencia, en los cuales sufrió multitud de reformas al compás de los vaivenes políticos y sociales del siglo XX[129]. En ellas se

---

[129] La doctrina cita, como más relevantes, la Ley de Bases del Anteproyecto del Código procesal civil de 1966, Corrección y actualización

mantiene el concepto tradicional que identifica la función jurisdiccional con la judicial, así por ejemplo, en la Ley 42/1974, de 28 de noviembre, de Bases, Orgánica de la Justicia

> Base Primera
>
> Dos. La potestad de aplicar las Leyes en el ejercicio de la función jurisdiccional, juzgando y haciendo ejecutar lo juzgado, en los juicios civiles, penales, contencioso-administrativos, laborales, contencioso-sindicales y demás que puedan legalmente establecerse, corresponde exclusivamente, conforme al principio de unidad de jurisdicción, a los Juzgados y Tribunales de Justicia determinados en esta Ley, según su diversa competencia. Salvo lo dispuesto en el artículo treinta y dos de la Ley Orgánica del Estado

Por otro lado, en esta profunda reforma procesal de 1974, tras la consagración de la exclusividad de la función judicial (antecedente de la proclamación constitucional de 1978) encontramos un tímido atisbo de la posibilidad de atribuir al secretario judicial alguna tarea de gestión del proceso que el legislador no considera incluida en la función del juez:

> BASE DECIMOSEXTA
>
> Setenta y Cinco
>
> Dos. Los Secretarios, además de su primordial función de autenticación, conservarán las que actualmente les están atribuidas, ampliadas a los actos de mero trámite en la ordenación y ejecución del proceso, en la forma que establezcan los Códigos de Procedimiento. Sus decisiones serán, en todo caso, revisables por el Juez o Tribunal correspondiente. Les competerá asimismo la dirección y responsabilidad de los servicios

---

de la ley de Enjuiciamiento Civil de 1970, la aprobación de la Ley 34/1984, de 6 de agosto, de reforma procesal, el Borrador de Anteproyecto de la nueva Ley de Enjuiciamiento Civil de 1995. Vid Barona Vilar, S.: Líneas generales y principios configuradores de la ley 1/2000, de 7 de enero, de Enjuiciamiento Civil, en *Revista De Derecho Universitat De València*, 1(2002) pág. 1

administrativos del órgano judicial al que estén adscritos, bajo la dependencia del Juez o Presidente del Tribunal respectivo.

La previsión normativa contempla algunos principios que serán retomados en la configuración del letrado de la administración de justicia: sus funciones de ordenación, trámite (e incluso ejecución) son externas a la estricta función judicial, que se concentra en la misión de examinar las pruebas y dictar sentencia, y sus decisiones serán siempre revisables por el juez[130].

LA JURISDICCIÓN TRAS LA CONSTITUCIÓN DE 1978

La Constitución de 1978 dedica al Poder Judicial el Título VI, atribuyendo a jueces y tribunales *la potestad jurisdiccional en todo tipo de procesos, juzgando y haciendo ejecutar lo juzgado*[131]. Identifica por tanto la Carta Magna -siguiendo la tradición secular que hemos trazado en este estudio- "jurisdicción" con la función de resolver los litigios y dictar sentencia. Las reminiscencias históricas de la configuración constitucional de la Justicia no acaban ahí, sin embargo.

El artículo 117.1 afirma, como es de sobra conocido, que *la Justicia emana del pueblo,* lo cual enlaza con los orígenes de la resolución pacífica de conflictos que la doctrina encuentra en las primeras sociedades y que, incluso, podría haberse aplicado en los primeros tiempos de Roma[132]. Se trata, por tanto, de la

---

130 Principio recogido por las SSTC 15/2020, de 28 de enero y 151/2020, 22 de octubre de 2020 que declaran respectivamente inconstitucionales el artículo 454 bis 1 párrafo primero, de la Ley de Enjuiciamiento Civil y el último párrafo del artículo 238 bis de la Ley de Enjuiciamiento Criminal, sometiendo, en todo caso, los decretos del LAJ al control judicial.

131 Artículo 117.3

132 Cfr. Supra

comunidad, ofendida por el acto ilícito, la que dirime el litigio e impone sanciones al infractor, aunque dicha función se deposita, de ordinario, en jueces y magistrados profesionales, sometidos a la ley. Para añadir más confusión al postulado y recoger otra tradición histórica, se afirma en el texto constitucional que la justicia *se administra en nombre del Rey*.

Se retoma, además, la fórmula tradicional que incluye, como anejo a la potestad de juzgar la de ejecutar lo juzgado, como decía el Febrero Novísimo a principios del siglo XIX[133].

Pero, aunque la doctrina discute si realmente la llamada *potestad jurisdiccional* de la Constitución es (o debiera ser) un poder del Estado[134] no debemos olvidar que la justicia es, al mismo tiempo, un derecho fundamental de los ciudadanos consagrado en el artículo 24 CE, que atribuye, de manera exclusiva, a jueces y tribunales, la tutela judicial de derechos e intereses legítimos.

De toda la regulación constitucional nos interesa delimitar la función que atribuye la norma fundamental a los jueces y tribunales[135] y que el constituyente, por razones de tradición histórica, llama *potestad jurisdiccional*. Pero más allá del término, y adelantándonos a nuestra investigación, llegará un momento en que el legislador se planteará qué tareas de las que tradicionalmente realizaban los jueces consistían realmente en ese ejercicio del poder judicial cuya atribución a los jueces resulta un límite infranqueable y qué otras tareas procesales pero externas a la actividad de juzgar pueden ser encomendadas a otros profesionales de la justicia con el fin de aligerar la carga

---

133 Cfr. supra

134 Vid. Vives Antón, T.: Del poder judicial, en Rodríguez Piñero y Bravo Ferrer, M. y Casas Baamonde, ME.: *Comentarios a la Constitución española,* Tomo II, BOE, Madrid, 2018, página 639.

135 Administrar justicia (117.1) juzgando y haciendo ejecutar lo juzgado (117.3)

de trabajo de los magistrados. Esta reflexión del legislador, que interpretará *stricto sensu* el concepto constitucional de *potestad jurisdiccional* hará renacer -en nuestra hipótesis- la vieja distinción romana entre *iurisdictio* y *iudicatio*.

Tras la Constitución de 1978 se aprobó, en julio de 1985, la Ley Orgánica del Poder Judicial, que pretende dar cumplimiento a lo previsto en el artículo 122 de la Carta Magna, organizando *la constitución, funcionamiento y gobierno de los Juzgados y Tribunales, el estatuto jurídico de los Jueces y Magistrados de carrera, que formarán un cuerpo único, y del personal al servicio de la Administración de Justicia, así como el estatuto y el régimen de incompatibilidades de los miembros del Consejo General del Poder Judicial y sus funciones*[136]

A los efectos de lo que interesa en este estudio, la LOPJ reproduce literalmente lo previsto en la Constitución, añadiendo que

> Artículo 4.
>
> La jurisdicción se extiende a todas las personas, a todas las materias y a todo el territorio español, en la forma establecida en la Constitución y en las leyes.

Aunque la entrada en vigor del nuevo orden constitucional supuso una auténtica revolución en el ordenamiento jurídico en general y en el poder judicial en particular, tras la entrada en vigor de la LOPJ la gran novedad legislativa procesal fue la Ley 1/2000 de Enjuiciamiento Civil de 7 de enero, aunque también la jurisdicción social[137] y la contencioso administrativa[138] han visto renovados sus códigos procesales. La

---

136 EM I, Ley Orgánica del Poder Judicial 6/1985 de 1 de julio.

137 Ley 36/2011, de 10 de octubre, reguladora de la jurisdicción social

138 Ley 29/1998, de 13 de julio, reguladora de la Jurisdicción Contencioso-administrativa.

jurisdicción penal, en cambio, siendo la más sensible por su materia a la necesidad de reforma para la tutela de derechos fundamentales como la libertad, y a pesar de haber sufrido profundas reformas, sigue rigiéndose por el Real Decreto de 14 de septiembre de 1882.

En la norma procesal civil se heredan los conceptos clásicos de jurisdicción, entendida ésta como actividad judicial (potestad jurisdiccional), o como sector de la judicatura (jurisdicción civil) o bien como territorio sobre el que se desarrolla dicha acción (jurisdicción española o extranjera).

> Artículo 5. Clases de tutela jurisdiccional.
>
> 1. Se podrá pretender de los tribunales la condena a determinada prestación, la declaración de la existencia de derechos y de situaciones jurídicas, la constitución, modificación o extinción de estas últimas, la ejecución, la adopción de medidas cautelares y cualquier otra clase de tutela que esté expresamente prevista por la ley.
>
> 2. Las pretensiones a que se refiere el apartado anterior se formularán ante el tribunal que sea competente y frente a los sujetos a quienes haya de afectar la decisión pretendida.
>
> Artículo 36. Extensión y límites del orden jurisdiccional civil. Falta de competencia internacional.
>
> 1. La extensión y límites de la jurisdicción de los tribunales civiles españoles se determinará por lo dispuesto en la Ley Orgánica del Poder Judicial y en los tratados y convenios internacionales en los que España sea parte.
>
> 2. Los tribunales civiles españoles se abstendrán de conocer de los asuntos que se les sometan cuando concurra en ellos alguna de las circunstancias siguientes:
>
> 1.ª Cuando se haya formulado demanda o solicitado ejecución respecto de sujetos o bienes que gocen de inmunidad de jurisdicción o de ejecución de conformidad con la legislación española y las normas de Derecho Internacional Público.
>
> 2.ª Cuando, en virtud de un tratado o convenio internacional en el que España sea parte, el asunto se encuentre atribuido con carácter exclusivo a la jurisdicción de otro Estado.

> Artículo 37. Falta de jurisdicción. Abstención de los tribunales civiles.
>
> 1. Cuando un tribunal de la jurisdicción civil estime que el asunto que se le somete corresponde a la juris dicción militar, o bien a una Administración pública o al Tribunal de Cuentas cuando actúe en sus funciones contables, habrá de abstenerse de conocer.
> 2. Se abstendrán igualmente de conocer los tribunales civiles cuando se les sometan asuntos de los que corresponda conocer a los tribunales de otro orden jurisdiccional de la jurisdicción ordinaria. Cuando el Tribunal de Cuentas ejerza funciones jurisdiccionales se entenderá integrado en el orden contencioso-administrativo.

En el mismo sentido se utiliza el término jurisdicción en las leyes procesales de las llamadas jurisdicciones social y contencioso administrativa:

> Ley 29/1998, de 13 de julio reguladora de la Jurisdicción Contencioso administrativa
>
> Artículo 2.
>
> El orden jurisdiccional contencioso-administrativo conocerá de las cuestiones que se susciten en relación con (...)
>
> Ley 36/2011, de 10 de octubre, reguladora de la jurisdicción social.
>
> Artículo 1. Orden jurisdiccional social.
>
> Los órganos jurisdiccionales del orden social conocerán de las pretensiones que se promuevan dentro de la rama social del Derecho, tanto en su vertiente individual como colectiva, incluyendo aquéllas que versen sobre materias laborales y de Seguridad Social, así como de las impugnaciones de las actuaciones de las Administraciones públicas realizadas en el ejercicio de sus potestades y funciones sobre las anteriores materias.

Sin embargo, como veremos más adelante, en el siglo XXI el legislador ha reformulado el concepto de jurisdicción para atribuir buena parte de su contenido a los LAJ respetando, al menos formalmente, la letra de la Constitución, produciéndose una verdadera mutación constitucional, ya que la intención del constituyente (que toda la actividad relacionada con el proceso residiera en exclusiva en jueces y tribunales independientes) no corresponde con un sistema como el que configuran las normas procesales que regulan la actividad y competencias del LAJ. Para hacer ello compatible con la Constitución ha sido necesario reformular la expresión "juzgar y hacer cumplir lo juzgado" retornando, de algún modo, a la vieja dicotomía entre *iurisdictio* y *iudicatio*.

Capítulo 3

La configuración de la iurisdictio en otros ordenamientos de nuestro entorno

PORTUGAL

La Constituiçao portuguesa de 1974, revisada en 2005, dedica el Título V de la Parte III a la configuración del poder judicial, comenzando con la atribución exclusiva de la potestad jurisdiccional a los *tribunais*, a quienes confiere la *soberanía* para *administrar la justicia en nombre del pueblo:*

> Artigo 202.º
>
> Função jurisdicional
>
> 1. Os tribunais são os órgãos de soberania com competência para administrar a justiça em nome do povo.
> 2. Na administração da justiça incumbe aos tribunais assegurar a defesa dos direitos e interesses legalmente protegidos dos cidadãos, reprimir a violação da legalidade democrática e dirimir os conflitos de interesses públicos e privados.
> 3. No exercício das suas funções os tribunais têm direito à coadjuvação das outras autoridades.
> 4. A lei poderá institucionalizar instrumentos e formas de composição não jurisdicional de conflitos.

Artículo 202.º

Función jurisdiccional

1. Los tribunales son órganos soberanos con facultad de administrar justicia en nombre del pueblo.

2. En la administración de justicia, a los tribunales les corresponde velar por la defensa de los derechos e intereses jurídicamente protegidos de los ciudadanos, reprimir las violaciones de la legalidad democrática y resolver los conflictos de intereses públicos y privados.

3. En el desempeño de sus funciones, los tribunales tienen derecho a contar con el auxilio de otras autoridades.

4. La ley podrá institucionalizar instrumentos y formas de solución no jurisdiccional de conflictos.[139]

Del mismo modo que ocurría en la tradición española, el Derecho procesal portugués identifica *jurisdicción* con potestad de los tribunales para dirimir litigios y dictar sentencia.

El Código Procesal Civil[140], establece un diseño de la función jurisdiccional similar a la que podemos considerar tradicional del Derecho continental: un magistrado o tribunal que dirige, ordena y tramita el proceso, aunando las funciones de *iurisdictio* y *iudicatio* y culminando el proceso mediante sentencia:

Artigo 152.º Dever de administrar justiça — Conceito de sentença

1 — Os juízes têm o dever de administrar justiça, proferindo despacho ou sentença sobre as matérias pendentes e cumprindo, nos termos da lei, as decisões dos tribunais superiores.

2 — Diz -se «sentença» o ato pelo qual o juiz decide a causa principal ou algum incidente que apresente a estrutura de uma causa.

3 — As decisões dos tribunais colegiais têm a denominação de acórdãos.

---

139 Traducción del autor.

140 Diário da República, 1.ª série — N.º 121 — 26 de junho de 2013

4 — Os despachos de mero expediente destinam -se a prover ao andamento regular do processo, sem interferir no conflito de interesses entre as partes; consideram -se proferidos no uso legal de um poder discricionário os despachos que decidam matérias confiadas ao prudente arbítrio do julgador.

Artículo 152. Deber de administrar justicia. Concepto de pena.

1 — Los jueces tienen el deber de administrar justicia, dictando autos o sentencias sobre los asuntos pendientes y cumpliendo, conforme a la ley, las decisiones de los tribunales superiores.

2 — Se entiende por "sentencia" el acto por el cual el juez resuelve el caso principal o algún incidente que presenta la estructura de un caso.

3 — Las decisiones de los tribunales colegiados se denominan sentencias.

4 — Las órdenes de mero trámite tienen por objeto asegurar la regular marcha del proceso, sin interferir en el litigio entre las partes; Los autos que deciden asuntos confiados a la prudente discreción del juez se consideran dictados en uso legal de una facultad discrecional.[141]

Junto al *juiz,* la norma rituaria coloca a una *secretaria* con funciones principalmente de fedatario público, aunque se le asignan ciertas funciones de garantía de la legalidad del proceso (bajo la dependencia del juez) y de ejecución de las decisiones judiciales:

Artigo 157.º Função e deveres das secretarias judiciais

1 — As secretarias judiciais asseguram o expediente, autuação e regular tramitação dos processos pendentes, nos termos estabelecidos na respetiva lei de organização judiciária, em conformidade com a lei de processo e na dependência funcional do magistrado competente.

2 — Incumbe à secretaria a execução dos despachos judiciais e o cumprimento das orientações de serviço emitidas pelo

141 Traducción del autor.

juiz, bem como a prática dos atos que lhe sejam por este delegados, no âmbito dos processos de que é titular e nos termos da lei, cumprindo -lhe realizar oficiosamente as diligências necessárias para que o fim daqueles possa ser prontamente alcançado.

3 — Nas relações com os mandatários judiciais, devem os funcionários agir com especial correção e urbanidade.

4 — As pessoas que prestem serviços forenses junto das secretarias, no interesse e por conta dos mandatários judiciais, devem ser identificadas por cartão de modelo emitido pela respetiva associação pública profissional, com expressa identificação do advogado ou solicitador, número de cédula profissional, bem como, se for o caso, da respetiva sociedade, devendo a assinatura daquele ser reconhecida pela associação pública profissional correspondente.

5 — Dos atos dos funcionários da secretaria judicial é sempre admissível reclamação para o juiz de que aquela depende funcionalmente.

6 — Os erros e omissões dos atos praticados pela secretaria judicial não podem, em qualquer caso, prejudicar as partes.

Artículo 157. Función y deberes de las secretarías judiciales

1 — Las secretarías judiciales velan por el archivo y trámite regular de las causas pendientes, en los términos establecidos en la respectiva ley de organización judicial, de conformidad con la ley procesal y bajo la dependencia funcional del magistrado competente.

2 — Corresponde a la secretaría ejecutar las órdenes judiciales y cumplir las directrices de servicio dictadas por el juez, así como realizar los actos que éste le delegue, en el ámbito de los procesos de los que es titular y de conformidad con la ley, realizando las gestiones necesarias para que el propósito de dichos objetivos pueda alcanzarse prontamente.

3 — En las relaciones con los representantes judiciales, los funcionarios deben actuar con especial corrección y civismo.

4 — Las personas que presten servicios forenses en las secretarías, en interés y por cuenta de representantes judiciales, deberán identificarse mediante modelo de cédula expedida por el colegio público profesional respectivo, con identificación expresa del abogado o procurador, número de cédula profesional, así como, en su caso, de la respectiva empresa, debiendo ser reconocida su firma por el colegio público profesional correspondiente.

5 — Siempre es admisible recurrir ante el juez sobre los actos de los empleados de la secretaría judicial que son funcionalmente dependientes.

6 — Los errores y omisiones en los actos realizados por la secretaría judicial no pueden, en ningún caso, perjudicar a las partes.

El control de los presupuestos procesales corresponde en el proceso civil portugués al juez, quien también debe establecer la cuantía del procedimiento:

Artigo 306.º Fixação do valor

1 — Compete ao juiz fixar o valor da causa, sem prejuízo do dever de indicação que impende sobre as partes.

2 — O valor da causa é fixado no despacho saneador, salvo nos processos a que se refere o n.º 4 do artigo 299.º e naqueles em que não haja lugar a despacho saneador, sendo então fixado na sentença.

3 — Se for interposto recurso antes da fixação do valor da causa pelo juiz, deve este fixá -lo no despacho referido no artigo 641.

Artículo 306. Fijación del valor

1 — Corresponde al juez determinar el valor del asunto, sin perjuicio del deber de indicación impuesto a las partes.

2 — El valor de la causa se fija en la orden sanitaria, salvo en los casos a que se refiere el párrafo 4 del artículo 299 y en aquellos en que no hay lugar para orden sanitaria, y luego se fija en la sentencia.

3 — Si se interpone recurso de apelación antes de que el juez haya fijado el valor del caso, deberá fijarlo en el orden a que se refiere el artículo 641.[142]

---

142 Traducción del autor.

La intervención del juez en el ejercicio de la *iudicatio* se configura conforme al principio inquisitivo, ordenando el Código practicar todas las pruebas que el juez considere necesarias para esclarecer los hechos

> Artigo 411.º Princípio do inquisitório
>
> Incumbe ao juiz realizar ou ordenar, mesmo oficiosamente, todas as diligências necessárias ao apuramento da verdade e à justa composição do litígio, quanto aos factos de que lhe é lícito conhecer.

No vemos, por tanto, en el Derecho procesal portugués, que el legislador haya considerado necesario apartarse de la tradición continental heredada de la *extraordinaria cognitio* que deposita en el juez -revestido de *imperium*- todas las funciones relativas al juicio, e incluso podemos afirmar que resulta más cercano el proceso civil luso al tardorromano al derogar el principio dispositivo -como ocurría en la *cognitio*- atribuyendo al juez una función activa en la búsqueda de medios probatorios.

FRANCIA

El sistema judicial francés obedece a los principios de la Revolución Francesa consagrados en la ley de 1790[143], si bien a lo largo del tiempo ha recibido múltiples actualizaciones y reformas[144]. En Francia la justicia corresponde, como en España,

---

143 Loi des 16 et 24 août 1790 sur l'organisation judiciaire que creó la dualidad de órdenes jurisdiccionales: el administrativo y el judicial (subdividido a su vez en civil y penal), consagrando los ideales de separación de poderes e independencia judicial de los revolucionarios.

144 Creación del Consejo de Estado (máximo órgano de la jurisdicción administrativa) en 1799, Tribunales Administrativos y de instancia civil en 1953. Las reformas más recientes proceden de las leyes de 23 de marzo de 2019 de reforma de la justicia.

a jueces profesionales, independientes e inamovibles, aunque en algunos supuestos penales interviene un jurado popular.

> Article 64. Constitución de 4 de octubre 1958
>
> Le Président de la République est garant de l'indépendance de l'autorité judiciaire.
> Il est assisté par le Conseil supérieur de la magistrature.
> Une loi organique porte statut des magistrats.
> Les magistrats du siège sont inamovibles.
>
> *Artículo 64. Constitución de 4 de octubre de 1958.*
>
> *El Presidente de la República garantiza la independencia del poder judicial.*
> *Está asistido por el Consejo Superior de la Judicatura.*
> *Una ley orgánica establece el estatuto de los magistrados.*
> *Los magistrados de la sede son inamovibles.*[145]

Junto al magistrado, la normativa procesal coloca a un profesional del Derecho (*greffier*[146]) que habitualmente se equipara al tradicional secretario judicial del Derecho español. El *greffier*, es un funcionario, dependiente del Ministerio de Justicia, encargado de la buena tramitación del proceso judicial Sus cometidos principales son la redacción de sentencias, el ejercicio de la fe pública judicial y la buena conservación de los archivos de la jurisdicción en la que trabaja. También se encarga del registro mercantil y del registro de bienes muebles, así como de ciertas actuaciones extrajudiciales. Aunque su principal misión es la fe pública judicial, es posible que algunas de sus competencias se acerquen más al papel de gestión del servicio de justicia que actualmente corresponde a los Letrados de la Administración de Justicia españoles.

---

145 Traducción del autor.

146 Literalmente, escribanos.

El régimen jurídico de los *greffiers* viene establecido en diversos Decretos de 2003 y 2005[147]

El *Code de procédure civile* francés[148] comparte con el Derecho portugués la forma inquisitiva en la obtención de pruebas de oficio (heredada del sistema de la *extraordinaria cognitio*) contiene sin embargo una férrea adscripción al carácter dispositivo del objeto del proceso:

> Article 4
>
> L'objet du litige est déterminé par les prétentions respectives des parties.
>
> Ces prétentions sont fixées par l'acte introductif d'instance et par les conclusions en défense. Toutefois l'objet du litige peut être modifié par des demandes incidentes lorsque celles-ci se rattachent aux prétentions originaires par un lien suffisant.
>
> Article 5
>
> Le juge doit se prononcer sur tout ce qui est demandé et seulement sur ce qui est demandé.
>
> Article 10
>
> Le juge a le pouvoir d'ordonner d'office toutes les mesures d'instruction légalement admissibles.
>
> *Artículo 4*
>
> *El objeto de la disputa está determinado por las respectivas reclamaciones de las partes.*
>
> *Estas pretensiones quedan establecidas por el escrito de inicio del procedimiento y por las conclusiones de la contestación. Sin embargo, el objeto de la disputa podrá ser modificado por*

---

147 Décret n° 2003-467 du 30 mai 2003 modifiant le décret n° 48-1108 du 10 juillet 1948 y Décret n° 2005-318 du 30 mars 2005 modifiant le décret n° 2003-466 du 30 mai 2003

148 Aprobado inicialmente por Décret nº 71-740 du 9 septembre 1971, en sustitución del napoleónico de 1806

solicitudes incidentales cuando éstas estén vinculadas a las reclamaciones originales por un vínculo suficiente.

Artículo 5

El juez debe pronunciarse sobre todo lo solicitado y sólo sobre lo solicitado.

Sección 10

El juez tiene la facultad de ordenar de oficio todas las medidas de investigación legalmente admisibles.[149]

El título XIX del libro I del Code está dedicado a la función de los *greffiers* en cuanto a la fe pública judicial, conteniendo indicaciones sobre las actas y registros que deben levantar de cada proceso

Article 726

Le secrétariat tient un répertoire général des affaires dont la juridiction est saisie.

Le répertoire général indique la date de la saisine, le numéro d'inscription, le nom des parties, la nature de l'affaire, s'il y a lieu la chambre à laquelle celle-ci est distribuée, la nature et la date de la décision.

Article 727

Pour chaque affaire inscrite au répertoire général, le secrétaire constitue un dossier sur lequel sont portés, outre les indications figurant à ce répertoire, le nom du ou des juges ayant à connaître de l'affaire et, s'il y a lieu, le nom des personnes qui représentent ou assistent les parties.

Sont versés au dossier, après avoir été visés par le juge ou le secrétaire, les actes, notes et documents relatifs à l'affaire.

---

[149] Traducción del autor.

Y sont mentionnés ou versés en copie les décisions auxquelles celle-ci donne lieu, les avis et les lettres adressés par la juridiction.

Lorsque la procédure est orale, les prétentions des parties ou la référence qu'elles font aux prétentions qu'elles auraient formulées par écrit sont notées au dossier ou consignées dans un procès-verbal.

Article 728

Le secrétaire de la formation de jugement tient un registre où sont portés, pour chaque audience :

- la date de l'audience ;
- le nom des juges et du secrétaire ;
- le nom des parties et la nature de l'affaire ;
- l'indication des parties qui comparaissent elles-mêmes dans les matières où la représentation n'est pas obligatoire;
- le nom des personnes qui représentent ou assistent les parties à l'audience.

Le secrétaire y mentionne également le caractère public ou non de l'audience, les incidents d'audience et les décisions prises sur ces incidents.

L'indication des jugements prononcés est portée sur le registre qui est signé, après chaque audience, par le président et le secrétaire.

Artículo 726

La secretaría mantiene un directorio general de los casos ante el tribunal.

Artículo 727

Para cada caso incluido en el directorio general, el secretario prepara un expediente que contiene, además de la información que aparece en este directorio, el nombre del juez o jueces que tienen competencia para conocer del caso y, en su caso, el nombre de las personas que lo representan. o ayudar a las partes.

Las actas, notas y documentos relativos al caso se incorporan al expediente, previa firma del juez o del secretario.

Allí se mencionan o copian las decisiones que dan lugar, los dictámenes y cartas enviadas por el tribunal.

Cuando el procedimiento es oral, se anotan en el expediente o se hace constar en un informe las pretensiones de las partes o la referencia que hacen a las pretensiones que hayan formulado por escrito.

Artículo 728

El secretario de la sala lleva un registro en el que se hace constar, para cada audiencia:

- *la fecha de la audiencia;*
- *los nombres de los jueces y del secretario;*
- *los nombres de las partes y la naturaleza del caso;*
- *la indicación de las partes que comparecen en asuntos en los que la representación no es obligatoria;*
- *el nombre de las personas que representan o asisten a las partes en la audiencia.*

El secretario también menciona el carácter público o no de la audiencia, las incidencias de la audiencia y las decisiones adoptadas sobre dichas incidencias.

La indicación de las sentencias pronunciadas se inscribe en el registro que firman, después de cada audiencia, el presidente y el secretario.[150]

[150] Traducción del autor.

ITALIA

La Constitución de la República italiana de 21 de diciembre de 1947 ha sufrido a lo largo de los siglos XX y XXI diversas reformas. La más importante se produjo en 2016 en torno a la organización territorial y la estructura del senado. El título IV de la parte II del texto constitucional está dedicado al poder judicial:

> TITOLO IV LA MAGISTRATURA
> SEZIONE I – Ordinamento giurisdizionale
>
> Art. 101. La giustizia è amministrata in nome del popolo. I giudici sono soggetti soltanto alla legge.
>
> Art. 102. La funzione giurisdizionale è esercitata da magistrati ordinari istituiti e regolati dalle norme sull'ordinamento giudiziario...
>
> *TÍTULO IV DEL PODER JUDICIAL*
> *SECCIÓN I – Régimen jurisdiccional*
>
> *Art. 101. La justicia se administra en nombre del pueblo. Los jueces están sujetos únicamente a la ley.*
>
> *Art. 102. La función judicial es ejercida por magistrados ordinarios establecidos y regulados por las normas del sistema judicial...*[151]
>
> Por su parte, el Codice di procedura civile[152] también se refiere a la "jurisdicción" como la potestad exclusiva de los jueces:
>
> Art. 1.
> (Giurisdizione dei giudici ordinari).
>
> La giurisdizione civile, salvo speciali disposizioni di legge, e'esercitata dai giudici ordinari secondo le norme del presente codice.
>
> Aunque, como ocurre en el Derecho español, el término jurisdicción hace referencia a una pluralidad de conceptos procesales (competencia de los tribunales del Estado, sector del poder judicial, etc.)

---

[151] Traducción del autor.

[152] Regio Decreto 28 ottobre 1940, n. 1443 (GU Serie Generale n.253 del 28-10-1940)

Art. 5.

(Momento determinante della giurisdizione e della competenza).

La giurisdizione e la competenza si determinano con riguardo allá legge vigente e allo stato di fatto esistente al momento della proposizione della domanda, e non hanno rilevanza rispetto ad esse i successivi mutamenti della legge o dello stato medesimo.

Artículo 5.

(Momento determinante de jurisdicción y competencia).

La jurisdicción y competencia se determinan respecto de la ley vigente y del estado de hecho existente al momento de la presentación de la solicitud, sin que respecto de ellas tengan relevancia los cambios posteriores en la ley o en el propio Estado.[153]

Como podemos apreciar, en el lenguaje procesal italiano -como en el español- los términos "magistratura" y "función jurisdiccional" corresponden al cuerpo de jueces y a la potestad que desempeñan, sin que aparezca el más mínimo recuerdo a la separación clásica de *iurisdictio* y *iudicatio*.

Junto al juez, el código procesal italiano coloca al *cancelliere* y al *ufficiale*. El primero tiene una función de garante de la fe pública judicial, en consonancia con los antiguos escribanos y secretarios judiciales del sistema tradicional español y el *ufficiale* realiza tareas de auxilio en las notificaciones y en la ejecución; ninguno de ellos parece ostentar las funciones de "administración de la justicia" que se atribuyen en España al LAJ:

Art. 57.
(Attivita' del cancelliere).

Il cancelliere documenta a tutti gli effetti, nei casi e nei modi previsti dalla legge, le attivita' proprie e quelle degli organi giudiziari e delle parti.

---

153 Traducción del autor.

Egli assiste il giudice in tutti gli atti dei quali deve essere formato processo verbale.

Quando il giudice provvede per iscritto, salvo che la legge disponga altrimenti, il cancelliere stende la scrittura e vi appone la sua sottoscrizione dopo quella del giudice.

Art. 59.
(Attivita' dell'ufficiale giudiziario).

L'ufficiale giudiziario assiste il giudice in udienza, provvede all'esecuzione dei suoi ordini, esegue la notificazione degli atti e attende alle altre incombenze che la legge gli attribuisce.

Artículo 57.
(Actividades del Canciller).

El canciller documenta a todos los efectos, en los casos y en las formas previstas por la ley, sus actividades propias y las de los órganos judiciales y de las partes.

Asiste al juez en todos los actos sobre los que debe levantarse informe.

Cuando el juez dispone por escrito, salvo que la ley disponga otra cosa, el canciller redacta el escrito y le pone su firma después de la del juez.

Artículo 59.
(Actividades del alguacil).

El funcionario judicial asiste al juez en la audiencia, lleva a cabo la ejecución de sus órdenes, realiza la notificación de documentos y cumple las demás funciones que la ley le asigna.[154]

---

154 Traducción del autor.

ARGENTINA

El artículo 108 de la Constitución de la Nación de Argentina, en su redacción actual, consagra la exclusividad e independencia judicial en su artículo 108 sin hacer referencia al término "jurisdicción" prefiriendo la expresión "poder judicial"

> ARTÍCULO 108.- El Poder judicial de la Nación será ejercido por una Corte Suprema de Justicia, y por los demás tribunales inferiores que el Congreso estableciese en el territorio de la Nación.

La expresión viene heredada de la primera redacción constitucional de 1853, cuyo artículo 91 recogía la disposición en términos muy semejantes:

> Artículo 91.- El Poder Judicial de la Confederación, será ejercido por una Corte Suprema de Justicia, compuesta de nueve jueces y dos fiscales, que residirá en la Capital, y por los demás tribunales inferiores que el Congreso estableciere en el territorio de la Confederación.

En la normativa forense argentina el término "jurisdicción" no suele utilizarse como equivalente a la labor judicial de resolver el litigio sino más bien como indicativo de la demarcación o territorio en que se ejerce tal función. Sin embargo, en algunos artículos se identifica con la atribución de competencia judicial, como en el Código Procesal Civil y Mercantil[155]

> Art. 1°–La competencia atribuida a los tribunales nacionales es improrrogable.
>
> Sin perjuicio de lo dispuesto por los tratados internacionales y por el artículo 12, inciso 4, de la Ley 48, exceptúase la competencia territorial en asuntos exclusivamente patrimoniales, que podrá ser prorrogada de conformidad de partes. Si estos asuntos son de índole internacional, la prórroga podrá admitirse aún a favor de jueces extranjeros o de árbitros que actúen

---

155 Ley N° 17.454 (t.o. 1981)

fuera de la República, salvo en los casos en que los tribunales argentinos tienen jurisdicción exclusiva o cuando la prórroga está prohibida por Ley.

En el mismo sentido se utiliza el término en el Código de Procedimiento Penal[156]:

Jurisdicciones especiales. Prioridad de juzgamiento

Art. 19.–Si a una persona se le imputare un delito de jurisdicción nacional y otro de jurisdicción federal, será juzgado primero en la jurisdicción federal. Del mismo modo se procederá en el caso de delitos conexos. (Párrafo sustituido por art. 21 del Anexo I de la Ley N° 26.394 B.O. 29/8/2008. Vigencia: comenzará a regir a los SEIS (6) meses de su promulgación. Durante dicho período se llevará a cabo en las áreas pertinentes un programa de divulgación y capacitación sobre su contenido y aplicación)

Sin perjuicio de ello, el proceso de jurisdicción nacional podrá sustanciarse simultáneamente con el otro, siempre que no se obstaculice el ejercicio de las respectivas jurisdicciones a la defensa del imputado.

Jurisdicciones comunes. Prioridad de juzgamiento

Art. 20.–Si a una persona se le imputare un delito de jurisdicción nacional y otro de jurisdicción provincial, será juzgada primero en la Capital Federal o Territorio nacional, si el delito imputado en ellos es de mayor gravedad o, siendo ésta igual, o aquél se hubiere cometido anteriormente. Del mismo modo se procederá en el caso de delitos conexos. Pero el tribunal, si lo estimare conveniente, podrá suspender el trámite del proceso o diferir su decisión hasta después que se pronuncie la otra jurisdicción.

En la República Argentina las funciones judiciales y jurisdiccionales se ejercen por los juzgados y tribunales. Junto a ellos la ley coloca a un Secretario y a un Prosecretario administrativo

---

[156] Ley N° 23.984

cuyas funciones se asemejan a los antiguos escribanos (luego secretarios judiciales) del Derecho histórico español:

Art. 38.–Los secretarios tendrán las siguientes funciones además de los deberes que en otras disposiciones de este Código y en las leyes de organización judicial se les impone:

1) Comunicar a las partes y a los terceros las decisiones judiciales, mediante la firma de oficios, mandamientos, cédulas y edictos, sin perjuicio de las facultades que se acuerdan a los letrados respecto de las cédulas y oficios, y de lo que establezcan los convenios sobre comunicaciones entre magistrados de distintas jurisdicciones.

   Las comunicaciones dirigidas al Presidente de la Nación, ministros y secretarios del Poder Ejecutivo y magistrados judiciales, serán firmadas por el juez.

2) Extender certificados, testimonios y copias de actas.

3) Conferir vistas y traslados.

4) Firmar, sin perjuicio de las facultades que se confieren al prosecretario administrativo o jefe de despacho, las providencias de mero trámite, observando, en cuanto al plazo, lo dispuesto en el artículo 34, inciso 3) a). En la etapa probatoria firmará todas las providencias simples que no impliquen pronunciarse sobre la admisibilidad o caducidad de la prueba.

5) Dirigir en forma personal las audiencias testimoniales que tomare por delegación del juez.

6) Devolver los escritos presentados fuera de plazo.

(Artículo sustituido por art. 2° de la Ley N° 25.488 B.O. 22/11/2001)

Art. 38 BIS.–Los prosecretarios administrativos o jefes de despacho o quien desempeñe cargo equivalente tendrán las siguientes funciones además de los deberes que en otras disposiciones de este Código y en las leyes de organización judicial se les impone:

1) Firmar las providencias simples que dispongan:

   a) Agregar partidas, exhortos, pericias, oficios, inventarios, tasaciones, división o partición de herencia, rendiciones de cuentas y, en general, documentos o actuaciones similares.

b) Remitir las causas a los ministerios públicos, representantes del fisco y demás funcionarios que intervengan como parte.

2) Devolver los escritos presentados sin copia.

Art. 38 TER.–Dentro del plazo de tres días, las partes podrán requerir al juez que deje sin efecto lo dispuesto por el secretario, el prosecretario administrativo o el jefe de despacho. Este pedido se resolverá sin substanciación. La resolución será inapelable.

Como veremos también en otros países del ámbito hispanoamericano, en Argentina se configura la figura del "secretario-letrado" que, junto a la tradicional función de guardian de la fe pública judicial, puede recibir ciertas funciones jurisdiccionales por delegación del juez, de manera similar al *Rechtspfleger* germano[157], tal como configura la Ley 7.452 dada en Salta, el 5 de junio de 2007

ART. 6º.- Los Secretarios, sin perjuicio de los deberes y funciones señalados en el artículo precedente, tienen la obligación de asistir y colaborar con los Jueces de quien dependan, debiendo ambos velar por el mantenimiento de una relación de confianza definida sobre parámetros objetivos de ponderación.

Los Secretarios Letrados tendrán el control de la actividad administrativa y organizacional, asumiendo las responsabilidades que les fije la Ley, sin perjuicio de la facultad de los señores Jueces de asumir directamente las mismas.

157 Que veremos más adelante.

CHILE

Tampoco la Constitución chilena de 1980 utiliza el término "jurisdicción" pese a que recibe el concepto de función judicial tradicional en el Derecho español, incluyendo, bajo la potestad exclusiva de jueces y tribunales, la resolución de litigios y la ejecución de sus propios fallos:

> ARTÍCULO 76
>
> Independencia judicial. La facultad de conocer de las causas civiles y criminales, de resolverlas y de hacer ejecutar lo juzgado, pertenece exclusivamente a los tribunales establecidos por la ley. Ni el Presidente de la República ni el Congreso pueden, en caso alguno, ejercer funciones judiciales, avocarse causas pendientes, revisar los fundamentos o contenido de sus resoluciones o hacer revivir procesos fenecidos.
>
> Reclamada su intervención en forma legal y en negocios de su competencia, no podrán excusarse de ejercer su autoridad, ni aun por falta de ley que resuelva la contienda o asunto sometidos a su decisión.
>
> Para hacer ejecutar sus resoluciones, y practicar o hacer practicar los actos de instrucción que determine la ley, los tribunales ordinarios de justicia y los especiales que integran el Poder Judicial, podrán impartir órdenes directas a la fuerza pública o ejercer los medios de acción conducentes de que dispusieren. Los demás tribunales lo harán en la forma que la ley determine.
>
> La autoridad requerida deberá cumplir sin más trámite el mandato judicial y no podrá calificar su fundamento u oportunidad, ni la justicia o legalidad de la resolución que se trata de ejecutar.

En cambio, la propuesta de constitución elaborada por el consejo constitucional en 2023 y rechazada mediante referéndum celebrado el 17 de diciembre de 2023, sí utiliza la expresión "función jurisdiccional" para definir la actividad de jueces y tribunales:

> Artículo 155 1. La función jurisdiccional de conocer y resolver los asuntos, causas y conflictos de relevancia jurídica y hacer ejecutar lo juzgado radica exclusivamente en los tribunales independientes e imparciales establecidos por la ley.

Del mismo modo, utiliza la expresión "jurisdicción" o sus derivados en una veintena de artículos[158].

También la Ley 19696 que aprueba el código procesal penal utiliza el concepto de jurisdicción acuñado por la moderna doctrina procesalista hispana:

> Artículo 171.- Cuestiones prejudiciales civiles. Siempre que para el juzgamiento criminal se requiriere la resolución previa de una cuestión civil de que debiere conocer, conforme a la ley, un tribunal que no ejerciere jurisdicción en lo penal, se suspenderá el procedimiento criminal hasta que dicha cuestión se resolviere por sentencia firme.

En idéntico sentido, el código de procedimiento civil de Chile[159] utiliza el término jurisdicción en el sentido que le da la doctrina procesal moderna:

> Artículo 1° Las disposiciones de este Código rigen el procedimiento de las contiendas civiles entre partes y de los actos de jurisdicción no contenciosa, cuyo conocimiento corresponda a los Tribunales de Justicia.

Aunque, conforme a la tradición judicial hispana, la función jurisdiccional descansa en Chile sobre la exclusividad judicial, el código de procedimiento civil permite, como vimos en Argentina, que el secretario-letrado dicte ciertas resoluciones de carácter periférico, bajo la potestad revisora del juez:

> Artículo 33.- Los secretarios letrados de los juzgados civiles podrán dictar por sí solos las sentencias interlocutorias, autos y decretos, providencias o proveídos, salvo cuando ello pudiere importar poner término al juicio o hacer imposible su continuación. La reposición que sea procedente en contra de estas resoluciones, en su caso, será resuelta por el juez.

---

158 Artículo 3.3, 16.7.c, 16.8.l y 16.9.a, 70.2, etc.

159 Ley 1552

MÉXICO

El artículo 94 de la Constitución de los Estados Unidos de México, de 1917, en su actual redacción, opta por definir el Poder Judicial delimitando los órganos judiciales en quienes se deposita:

> Artículo 94. Se deposita el ejercicio del Poder Judicial de la Federación en una Suprema Corte de Justicia, en un Tribunal Electoral, en Plenos Regionales, en Tribunales Colegiados de Circuito, en Tribunales Colegiados de Apelación y en Juzgados de Distrito.

El término "jurisdicción" es empleado en numerosas ocasiones por el texto constitucional para definir la actividad exclusiva de juzgados y tribunales[160], como también hace el Código procesal penal[161]:

> Artículo 1. Ámbito de aplicación Las disposiciones de este Código son de orden público y de observancia general en toda la República Mexicana, por los delitos que sean competencia de los órganos jurisdiccionales federales y locales en el marco de los principios y derechos consagrados en la Constitución Política de los Estados Unidos Mexicanos y en los Tratados Internacionales de los que el Estado mexicano sea parte.
>
> Y el Código Federal de procedimiento civiles[162]:
>
> Articulo 15. Ningún juez puede sostener competencia con su tribunal de apelación; pero sí con otro juez o tribunal que, aun superior en grado, no ejerza sobre él jurisdicción.

---

160 Artículos 2.A.VIII, 13, 18, 22, 27.XVII, etc.

161 Diario Oficial de la Federación el 5 de marzo de 2014, reformado el 25 de abril de 2023.

162 Diario Oficial de la Federación el 24 de febrero de 1943, reformado en 2008.

La sección II del Capítulo III del Título Segundo del Libro I del referido cuerpo legal configura la función de los Secretarios judiciales como custodios de la fe pública judicial, sin que advirtamos la encomienda de funciones que pudiéramos definir como "jurisdiccionales".

EL CASO PARTICULAR DE ALEMANIA

En la República Federal Alemana, el poder judicial aparece recogido en el artículo 92 de la Ley Fundamental de Bonn[163].

El Título IX de la constitución alemana comienza con la atribución de la potestad judicial a los tribunales, incluyendo entre ellos a la Corte Constitucional, a los tribunales federales y a los regionales:

> Artikel 92
>
> Die rechtsprechende Gewalt ist den Richtern anvertraut; sie wird durch das Bundesverfassungsgericht, durch die in diesem Grundgesetze vorgesehenen Bundesgerichte und durch die Gerichte der Länder ausgeübt.
>
> *Artículo 92*
>
> *El poder judicial está confiado a los jueces; lo ejerce el Tribunal Constitucional Federal, los tribunales federales previstos en esta Ley Fundamental y los tribunales de los estados federados.*[164]

---

163 "Carta otorgada" por los aliados para la parte occidental de Alemania tras la II Guerra Mundial, promulgada el 23 de mayo de 1949. A lo largo de su historia ha sufrido numerosas reformas, las más importantes, las de 1956, 1968 y 1969.

164 Traducción del autor.

El término usado por la carta magna germana para denominar el poder judicial (*rechtsprechende Gewalt*) podría encontrar una similitud etimológica con nuestra "jurisdicción", ya que "der Rechtsprechung[165]" podría traducirse literalmente como "decir el Derecho" lo que nos recuerda a uno de los poderes originarios del Pretor[166], en concreto la facultad de "ius dicere", decir el Derecho, de donde procede "iurisdictio".

En el sistema procesal alemán, además del juez, encontramos dos figuras: el *Urkundsbeamte*, responsable de la fe pública judicial[167] y el *Rechtspfleger* que ostenta funciones similares a nuestro moderno letrado de la administración de justicia[168]. Conforme relata Cereijo Soto[169], la habilitación de los escribanos judiciales (*Gerichtsschreiber*) para la realización de ciertas

---

165 Dado que nuestro término "jurisdicción" tiene diferentes acepciones (vid. supra), la lengua germana usa distintas palabras para denominar los diferentes conceptos de jurisdicción, v.gr. Gerichstand, Zuständigkeit. Bannkreis, etc.

166 *Vid. supra*

167 Asimilable por tanto al antiguo Secretario judicial (antes escribano) de nuestra tradición histórica.

168 La dificultad de la doctrina española para traducir la figura alemana del Rechtspfleger cuando aún no existía el LAJ queda recogida, entre otros, por Prieto-Castro y Ferrándiz, I.: El Rechtspfleger; en VV.AA.; *Libro Homenaje a Jaime Guasp*, Ed. Comares, Granada, 1984, pág., 475. El Convenio entre España y la República Federal de Alemania sobre reconocimiento y ejecución de resoluciones y transacciones judiciales y documentos públicos con fuerza ejecutiva en materia civil y mercantil (Boletín Oficial del Estado núm. 40, de 16 de febrero de 1988) reconoce la dificultad de trasladar al lenguaje jurídico español la figura del Rechtspfleger definiéndolo como *coadyuvante de los Tribunales… "funcionario de la administración judicial con determinadas funciones jurisdiccionales.*

169 Cereijo Soto, A.: *El Rechtspfleger alemán como una manifestación de la justicia de proximidad*, tesis doctoral, Universidad de Girona, 2015. Pág. 194.

tareas relativa a la gestión y tramitación del proceso comienza en Alemania en 1906. Poco después se les transfirió la competencia para la tasación de costas y la ejecución de resoluciones, reformándose y ampliándose en sucesivas ocasiones[170]. La finalidad de estas reformas fue la agilización del servicio de justicia y la descarga de trabajo de los jueces. Finalmente, en 1943[171], se deslinda la figura del *Rechtspfleger* y del secretario judicial (*Urkundsbeamte*), ampliándose sus funciones.

Tal como se configura en la actualidad, el *Rechtspfleger* es un funcionario que ejercita competencias relacionadas con la justicia bien por atribución legal o bien por delegación del juez[172]. No cabe duda de que la desconcentración de las tareas del juez puede ser útiles a la hora de agilizar la justicia y resolver el sempiterno problema de la lentitud de la jurisdicción[173]. Sin embargo, desde nuestra óptica constitucional española, la atribución de funciones judiciales a funcionarios no integrados en el Poder Judicial chocaría con la atribución exclusiva que realiza el artículo 117.3 CE de la función de "juzgar y hacer ejecutar lo juzgado"[174] a jueces y tribunales. La polémica también se planteó en Alemania, como recoge

---

170 1909, 1920, 1921 y 1935, principalmente.

171 Decreto de 3 de julio de 1943, desarrollado por Ley orgánica de 8 de febrero de 1957, sustituida posteriormente por otra de 1969, que deslinda las funciones del juez y del Rechtspfleger.

172 Herbst, G.: Die Prüfungsbefugnis des Rechtspflegers im Mahnverfahren en *Der Deutsche Rechtspfleger*, junio 1978, págs. 199 a 201

173 Otra solución, más deseable (pero más cara), sería formar y contratar a más jueces y dotarlos de los medios necesarios, de acuerdo con las necesidades de la población.

174 A lo que la norma fundamental, siguiendo la tradición jurídica que atestiguamos aquí, denomina "función jurisdiccional" pese a que *stricto sensu* tal actividad corresponde con la *iudicatio* y no -como hemos visto- con la *iurisdictio*.

Cereijo Soto[175]. La doctrina germana vaciló entre considerar al *Rechtspfleger* una especie de "juez de paz"[176], encargado sólo de actos de jurisdicción voluntaria, o un "empleado del juez" cuya competencia jurisdiccional venía atribuida por delegación judicial.

Tratando de solventar el debate -en la línea que, como veremos, seguirá el legislador español- la Ley reguladora del *Rechtspfleger* de 1969, estableció que este funcionario intervendría en aquellos asuntos en que no fuera preciso realizar una actividad reservada a los jueces: resolver controversias. Sin embargo, el propio legislador le atribuye funciones claramente judiciales que sí entrañan la resolución de conflictos. Por esta razón, tal como analiza Cereijo Soto con detalle[177], una parte de la doctrina alemana[178] se inclina por calificar de judicial la figura del *Rechtspfleger*, por más que su denominación sea diferente. Otros autores[179], en cambio, sostienen que no es necesaria la asimilación del *Rechtspfleger* a un juez pues la atribución de funciones que realiza la ley corresponde a la jurisdicción en sentido formal, quedando reservada constitucionalmente la jurisdicción material a los jueces.

---

175 Vid. Cereijo Soto, A. *Op. cit,* pág. 200, con cita de autores como Rothenberger y Kern.

176 Declarados inconstitucionales por la Sentencia del Tribunal Constitucional alemán de 17 de noviembre de 1959

177 Cereijo Soto, A.: *Op. cit,* pág. 205

178 El autor citado señala, como más claro exponente de esta doctrina, al controvertido jurista Habscheid.

179 Herbst, *Op. cit,* pág. 39

Capítulo 4

Del Secretario Judicial al LAJ. La delimitación de la iurisdictio en Derecho Moderno

La Ley Orgánica 7/2015 de 21 de julio vino a revolucionar -quizás de manera no totalmente advertida- el concepto de jurisdicción que la doctrina jurídica española arrastraba desde hacía muchos siglos, al crear -por transformación de los secretarios judiciales- el cuerpo de Letrados de la Administración de Justicia.

En el sistema judicial español, los letrados de la administración de justicia desempeñan un papel crucial como funcionarios encargados de garantizar la eficiencia y la imparcialidad en el ámbito legal. Su función principal es actuar como colaboradores de los jueces y magistrados, facilitando el desarrollo de los procesos judiciales y contribuyendo a la administración de justicia de manera integral.

La actividad de los letrados de la administración de justicia en España se regula principalmente a través de la Ley Orgánica 6/1985, de 1 de julio, del Poder Judicial, en su Libro V, Título II, Capítulo I, II, III y IV (Artículos 440-469 bis), y por el Real Decreto 1608/2005. Los letrados de la administración de justicia son funcionarios públicos que constituyen un Cuerpo único, de carácter nacional, al servicio de la Administración de Justicia, dependiente del Ministerio de Justicia, y ejercen sus funciones con el carácter de autoridad. Tienen la responsabilidad de dirigir la Oficina judicial, garantizar la veracidad de las actuaciones y desempeñar un papel fundamental en la

Administración de Justicia dentro de la Oficina Judicial. Los letrados de la administración de justicia también tienen funciones específicas, como la dirección técnico-procesal del personal integrante de la Oficina judicial, la asistencia o vigilancia facultativa de los detenidos, entre otras.

Como queda expuesto, en nuestro Derecho procesal histórico, las diversas leyes colocaban junto al juez la figura del secretario judicial (antes escribano) con la doble tarea de dirigir la oficina judicial y custodiar la fe pública. Ninguna de estas tareas interfería en absoluto con lo que se entendía como función jurisdiccional: tramitar los procedimientos, practicar las pruebas, valorar las alegaciones de las partes y dictar sentencia, aunque la originaria LOPJ de 1985 (LO 6/1985 de 1 de julio) preveía la posibilidad de que la norma reguladora del procedimiento estableciera una "propuesta de resolución" del secretario que debía ser aceptada o rechazada por el juez

> Artículo doscientos cuarenta y seis
>
> En los casos en que la ley ordene al Secretario formular propuesta de resolución, el Juez podrá adoptar la modalidad de «conforme» o dictar la resolución que proceda.

La exposición de motivos de la Ley que, por transformación de los Secretarios judiciales, crea el cuerpo de LAJ[180], no anticipa ni motiva la revolución del concepto de *jurisdicción* que culminaba:

> IX
>
> También se introducen modificaciones en el libro V. El Cuerpo de Secretarios Judiciales pasa a denominarse Cuerpo de Letrados de la Administración de Justicia. Con ello se da respuesta a una demanda histórica del mismo, que considera

180 Ley Orgánica 7/2015, de 21 de julio, por la que se modifica la Ley Orgánica 6/1985, de 1 de julio, del Poder Judicial.

> que la denominación de secretarios judiciales conduce a equívocos sobre la función realmente desempeñada.
>
> En este sentido de adaptación a las actuales funciones desarrolladas por dicho Cuerpo, se incluye una referencia expresa a que sus miembros ostentan la dirección de la Oficina judicial; se añaden nuevas competencias como la mediación y la tramitación y, en su caso, la resolución de procedimientos monitorios, todo ello en el marco de lo que prevean las normas procesales; se incluyen los decretos como tipo de resolución propia de estos funcionarios y se prevé que el Ministerio de Justicia apruebe anualmente su escalafón. Asimismo, se establece el régimen de derechos y deberes de los Letrados de la Administración de Justicia, aclarando así su estatus funcionarial, incluyendo una cláusula remisoria con carácter general al libro VI y supletoriamente al Estatuto Básico del Empleado Público y demás normativa de la función pública, todo ello sin perjuicio de las necesarias especialidades, propias de la naturaleza y funciones del Cuerpo de Letrados de la Administración de Justicia.

Aunque se menciona, junto al cambio de denominación, las funciones que se atribuye al nuevo operador jurídico, no se justifica ni se motiva su relación con los jueces y magistrados en el ejercicio de la función jurisdiccional.

La transformación del Secretario en una figura diferente que, siguiendo la doctrina germana podríamos llamar "colaborador de la jurisdicción" y que, bajo la dependencia del juez, comparte la función de éste, comenzó con la Ley Orgánica 19/2003 de 23 de diciembre, de modificación de la Ley Orgánica del Poder Judicial, cuya exposición de motivos explica:

> VII
>
> La figura del Secretario Judicial, también regulada en el libro V, se convierte en una de las claves de la actual reforma. No sólo se definen con mayor precisión sus funciones, sino que se le atribuyen otras, potenciando así sus capacidades profesionales. Asume, además, responsabilidades en materia de coordinación con las Administraciones públicas con competencias en materia de Justicia.

> En lo que se refiere a la fe pública, el Secretario Judicial, en el seno de la Administración de Justicia, ejerce con exclusividad esta función, que se redefine a fin de circunscribirla a lo verdaderamente trascendente, compatibilizándola con la utilización de las nuevas tecnologías.
>
> Como técnicos superiores de la Administración de Justicia, serán los Secretarios Judiciales quienes dirigirán en el aspecto técnico-procesal al personal integrante de la Oficina judicial, ordenando su actividad e impartiendo las órdenes e instrucciones que estime pertinentes.
>
> Por último, debe destacarse la nueva configuración orgánica del Cuerpo de Secretarios con el fin de garantizar una mayor eficacia en su prestación de servicios. Con esta finalidad, se dota de una nueva definición al Secretario de Gobierno de los Tribunales Superiores de Justicia y se crea la figura del Secretario Coordinador Provincial, ambos con importantes competencias en relación con los Secretarios Judiciales de ellos dependientes.

El cambio de denominación de Secretario a LAJ será por tanto la culminación de un proceso de transformación radical de los antiguos fedatarios judiciales en los profesionales que hoy día se ocupan de tareas que resulta difícil no calificar de "jurisdiccionales".

Será la Ley 13/2009 la que determine más claramente el cambio de paradigma del concepto de *jurisdicción* al revolucionar la figura de estos profesionales coadyuvantes del juez que aún denomina "secretarios judiciales".

Como hemos visto a lo largo de este estudio, desde la implantación del Principado, bajo el reinado de Augusto, el emperador se arrogó el monopolio de la función de impartir justicia, asumiendo para sí las antiguas funciones de *iurisdictio* y *iudicatio*, como manifestación de su soberanía. Dichas funciones -ya confundidas- eran delegadas en un funcionario, cuya potestad venía atribuida por el emperador, que tanto comprobaba la procedencia del proceso examinando los presupuestos procesales como practicaba las pruebas y dictaba sentencia. A toda esta función se le llamó, con el paso del tiempo, *jurisdicción,* y se atribuyó a unos jueces designados por el titular de la soberanía, en cuyo nombre ejercían el poder judicial y que, muchos siglos después se constituirían en poder del Estado independiente del legislativo y el ejecutivo.

Dicha tarea, que -no nos cansamos de recordarlo- comprende tanto la labor "pública" de autorizar el proceso desde el punto de vista formal (*in iure*) como la más práctica de "entrar al fondo de la cuestión", decidiendo quién debe resultar favorecido por la sentencia, estuvieron unidas en los primeros tiempos de Roma bajo la figura del pretor (quizás antes, del rey) pero se disgregaron, como queda expuesto, a partir de la *legis actio per iudicis arbitrive postulationem,* que permitía a las partes, en ciertos asuntos especialmente sencillos, obtener una especie de "autorización del pretor" para someter su litigio a un *iudex privatus* (o un *arbiter*) designado por las partes o por el propio magistrado. De esta forma se aligeraba la carga de trabajo del pretor cuya función quedaba constreñida a examinar la procedencia del proceso (presupuestos procesales previos) y la procedencia de la acción delimitando, conforme a Derecho y sin entrar al fondo, el objeto del proceso.

Iguales razones de sobrecarga del trabajo de los jueces, una vez descartada la opción de crear suficientes juzgados para atender las necesidades reales, llevaron al legislador de 2009 a plantearse una separación entre el núcleo esencial de la función judicial (juzgar y hacer cumplir lo juzgado) y otras tareas que podríamos llamar "periféricas" de la jurisdicción, aprovechando las previsiones del punto 10 del Pacto de Estado por la Justicia suscrito entre Partido Socialista y Partido Popular[181],

---

181 *Secretarios Judiciales.- Se redefinirán las funciones de los Secretarios Judiciales. Constituirán un único Cuerpo Nacional de funcionarios técnicos superiores dependientes del Ministerio de Justicia. Se potenciará su papel aprovechando su capacidad y formación procediendo en consecuencia a la*

creando una figura de “ayudante del juez” parecida al germano Rechtspfleger que aliviara la carga de trabajo del juez. Ciertamente, el legislador se encontraba con un muro infranqueable: la atribución constitucional de la función jurisdiccional a jueces y magistrados como poder judicial independiente. Dicho compromiso se veía además agravado por el hecho de que el cuerpo de Secretarios Judiciales (como el novedoso de LAJS) depende del Ministerio de Justicia (y por tanto del gobierno) careciendo por tanto de la independencia judicial[182].

La solución a tal aporía vino, como casi siempre en Derecho, por la redefinición de los conceptos jurídicos: si *jurisdicción* es lo que hacen los jueces de manera exclusiva e inalienable, el legislador necesitaba encontrar la manera de “adelgazar” dicho concepto de jurisdicción para sustraer todas aquellas cuestiones que no sean inequívocamente “juzgar y hacer ejecutar lo juzgado” dejando así -al menos en apariencia- incólume, la previsión del artículo 117.3 CE, mientras encargaba a otros profesionales (ajenos al poder judicial) la realización de tareas

---

reforma de su Estatuto. Se atribuirán nuevas competencias a los Secretarios Judiciales, procediendo a la redefinición de la fe pública judicial que la haga compatible con la incorporación de las nuevas tecnologías. Se les atribuirá facultades plenas de impulso procesal para desarrollar los trámites en que no sea preceptiva la intervención del Juez. Se potenciarán las funciones de ejecución, realización de bienes y jurisdicción voluntaria. Se le atribuirán funciones de dirección en la Oficina Judicial y en los servicios comunes creándose a tal efecto los puestos de Secretario de Gobierno y Secretario Coordinador.

182 Habría cabido, al menos en teoría, una solución muy sencilla: adscribir el cuerpo de Secretarios (con su nueva denominación, LAJ) al poder judicial, configurándolos como categoría auxiliar de jueces y tribunales bajo la tutela del CGPJ y dotados de la misma independencia, inamovilidad y responsabilidad que la Constitución atribuye a jueces y magistrados. Ello habría permitido salvar el espíritu (que no la letra) del artículo 117 CE y habría ahorrado a los operadores jurídicos muchos quebraderos de cabeza.

procesales periféricas a la jurisdicción. Así debe entenderse la Exposición de Motivos de la Ley Orgánica 13/2009

> I
>
> La reforma de la Justicia se ha convertido en un objetivo crucial e inaplazable. Los ciudadanos tienen derecho a un servicio público de la Justicia ágil, transparente, responsable y plenamente conforme a los valores constitucionales. Uno de los medios esenciales para conseguirlo es la implantación en España de la nueva Oficina judicial, cuyo objetivo es la racionalización y optimización de los recursos que se destinan al funcionamiento de la Administración de Justicia.
>
> Se trata, en síntesis, de que los Jueces y Magistrados dediquen todos sus esfuerzos a las funciones que les vienen encomendadas por la Constitución: juzgar y hacer ejecutar lo juzgado. Para ello es preciso descargarles de todas aquellas tareas no vinculadas estrictamente a las funciones constitucionales que se acaban de señalar, y a ello tiende el nuevo modelo de la Oficina judicial. En ella, se atribuirán a otros funcionarios aquellas responsabilidades y funciones que no tienen carácter jurisdiccional y, por otra parte, se establecerán sistemas de organización del trabajo de todo el personal al servicio de la Administración de Justicia, de forma que su actividad profesional se desempeñe con la máxima eficacia y responsabilidad. En este nuevo diseño, jugarán un papel de primer orden los integrantes del Cuerpo Superior Jurídico de Secretarios judiciales.
>
> La implantación de la nueva Oficina judicial y la correlativa distribución de competencias entre Jueces y Secretarios judiciales exige adaptar nuestra legislación procesal a las previsiones que ya contiene la Ley Orgánica 6/1985, de 1 de julio, del Poder Judicial, relativas a las Oficinas judiciales y a los Secretarios judiciales, y a dicha reforma integral de nuestras leyes procesales se dirige la presente Ley.

La decisión política de escindir el concepto tradicional de *jurisdicción* (que englobaba desde los tiempos de Augusto todas las funciones relativas a la resolución de controversias y la imposición coactiva del Derecho) recuperando la vieja separación republicana (de la república romana) entre el control formal del proceso y la decisión material de fondo, en un estado de Derecho del siglo XXI, puede resultar políticamente muy discutible. No sólo porque la tarea formal de control previo se atribuye a un cuerpo de funcionarios intachable en su preparación y profesionalidad pero sometido a la dependencia jerárquica del ejecutivo sino porque, como veremos, no resulta tan sencillo deslindar qué cuestiones afectan directa o indirectamente a la resolución del litigio y por tanto, legislador, doctrina y jurisprudencia (incluso constitucional) deberán realizar en los años posteriores a su instauración una profunda reflexión sobre las tareas delegables en el LAJ y el modo de control de su ejercicio, para no dañar -en la medida de lo posible- los postulados y derechos recogidos en la Constitución y en los tratados internacionales, que constituyen auténtica espina dorsal del estado de Derecho.

Conforme a la configuración realizada por el legislador a través de estas reformas, los letrados de la administración de justicia desempeñan un papel multifacético en el sistema legal español. Entre sus responsabilidades se encuentran la redacción de escritos judiciales, la tramitación de expedientes, la supervisión de subastas y la asistencia a jueces y magistrados en el desarrollo de los procesos judiciales. Su labor contribuye a la agilización de los procedimientos legales y a la garantía de los derechos fundamentales de los ciudadanos.

El profesor De la Oliva[183] incluye a los nuevos Letrados de la Administración de Justicia entre el "personal no juzgador de los órganos jurisdiccionales", advirtiendo de que se trata de personal *que no ostenta la titularidad de la potestad jurisdiccional.* Conforme a la exposición que realiza De la Oliva, las principales funciones asumidas por los letrados de la administración de justicia se pueden clasificar en las siguientes categorías:

---

[183] De la Oliva Santos, *op. cit.* Pág. 64 ss. Capítulo a cargo de José Manuel Chozas Alonso.

a) Fe pública judicial

Los Letrados de la Administración de Justicia asumen las funciones que correspondían a los antiguos Secretarios, a los que sustituyen, en relación con la acreditación de los actos judiciales, tal como dispone el artículo 453 de la LOPJ

> Artículo 453.
>
> 1. Corresponde a los Letrados de la Administración de Justicia, con exclusividad y plenitud, el ejercicio de la fe pública judicial. En el ejercicio de esta función, dejarán constancia fehaciente de la realización de actos procesales en el Tribunal o ante éste y de la producción de hechos con trascendencia procesal mediante las oportunas actas y diligencias.

b) Documentación

Como complemento a la fe pública judicial -pero constituyendo una función distinta- el LAJ tiene la responsabilidad de dejar constancia de los actos procesales y expedir certificaciones de los mismos, garantizando la integridad de las grabaciones tecnológicas de las actuaciones (art. 453.1.II LOPJ y 147 LEC)

> Artículo 147. Documentación de las actuaciones mediante sistemas de grabación y reproducción de la imagen y el sonido.
>
> Las actuaciones orales en vistas, audiencias y comparecencias celebradas ante los jueces o magistrados o, en su caso, ante los letrados de la Administración de Justicia, se registrarán en soporte apto para la grabación y reproducción del sonido y la imagen.
>
> Siempre que se cuente con los medios tecnológicos necesarios, estos garantizarán la autenticidad e integridad de lo grabado o reproducido. A tal efecto, el letrado o letrada de la Administración de Justicia hará uso de la firma electrónica u otro sistema de seguridad que conforme a la ley ofrezca tales garantías. En este caso, la celebración del acto no requerirá la presencia en la sala del letrado o letrada de la Administración de Justicia

> salvo que lo hubieran solicitado las partes, al menos dos días antes de la celebración de la vista, o que excepcionalmente lo considere necesario el letrado letrada de la Administración de Justicia atendiendo a la complejidad del asunto, al número y naturaleza de las pruebas a practicar, al número de intervinientes, a la posibilidad de que se produzcan incidencias que no pudieran registrarse, o a la concurrencia de otras circunstancias igualmente excepcionales que lo justifiquen. En estos casos, el letrado o letrada de la Administración de Justicia extenderá acta sucinta en los términos previstos en el artículo anterior.
>
> Las actuaciones orales y vistas grabadas y documentadas en soporte digital no podrán transcribirse, salvo en aquellos casos en que una ley así lo determine.
>
> La oficina judicial deberá asegurar la correcta incorporación de la grabación al expediente judicial electrónico.
>
> Si los sistemas no proveen expediente judicial electrónico, el letrado o letrada de la Administración de Justicia deberá custodiar el documento electrónico que sirva de soporte a la grabación.
>
> Las partes podrán pedir, a su costa, copia o acceso electrónico de las grabaciones originales.

c) Actos de comunicación

De acuerdo con los artículos 456 LOPJ y 152.1 LEC el LAJ es el responsable de la comunicación del órgano judicial con las partes y los terceros, función que hereda de los antiguos secretarios judiciales.

d) Dación de cuenta y conservación y custodia de los autos

Regulado en diversos artículos de la LOPJ (455, 458 y 459) y de la LEC (148 y 178), la responsabilidad de la custodia de los documentos procesales es otra función típica del fedatario que se atribuye a la figura creada en 2015 por transformación del secretario judicial.

e) Dirección del personal de la oficina judicial

f) Impulso y ordenación del proceso

Esta categoría funcional es probablemente la que encuadra la radical novedad de la figura del LAJ que lo distingue netamente del antiguo escribano-secretario y lo acerca al *Rechtspfleger* germano.

Tradicionalmente, como explica de la Oliva[184], se entendía que correspondía al secretario el impulso formal del proceso, lo que suponía la realización de aquellos "actos debidos" que permiten el desarrollo del curso procedimiental. La realización de estos "actos automáticos" en ningún caso interfería en la función jurisdiccional atribuida en exclusiva al juez. Sin embargo, a partir de las reformas estudiadas (especialmente la de 2009) la distinción entre "impulso formal" e "impulso material" se ha difuminado enormemente. Entre las funciones típicamente jurisdiccionales que ahora se encomiendan al LAJ, de la Oliva señala: la admisión a trámite de la demanda, la fijación del señalamiento de la vista, la procedencia de supuestos de terminación anormal del procedimiento, o la práctica totalidad de la tramitación de la ejecución, tareas que el LAJ lleva a cabo a través de resolución llamadas "decretos". A juicio del profesor de la Oliva, la atribución de estas funciones -claramente jurisdiccionales- a los letrados de la Administración de Justicia es no sólo inconstitucional sino también lesivo para los justiciables, por cuanto los profesionales responsables de estas decisiones dependen, con unidad y jerarquía, del Gobierno y no gozan de la independencia del Poder Judicial.

---

184 De la Oliva, A.: *Op.cit,* pág. 67

Robles Garzón[185], por su parte, considera que el legislador distingue entre funciones "procesales" y "jurisdiccionales" de manera errónea e injustificable ya que -expresa- *no se puede juzgar sin proceder, ni proceder sin juzgar.*

Tal como señala Santamaría Gutiérrez[186], a partir de la promulgación de la reforma de 2009, que aleja al entonces secretario de la mera función de fedatario público, la doctrina procesalista se plantea la naturaleza jurídica de estos profesionales con la preocupación de que sus funciones puedan invadir la reserva constitucional de la jurisdicción para el Poder Judicial.

La autora distingue así en la doctrina cuatro corrientes, sin identificar qué autores se adscriben a cada una de las posturas:

Un primer grupo de autores considera que las funciones del LAJ son meramente administrativas; un segundo sector considera que la atribución de actos procesales al LAJ supone, de hecho, la asignación de una función jurisdiccional vedada por la Constitución. En tercer lugar, estarían aquellos autores que consideran que el legislador ha creado una categoría de "actos procesales" que sólo afectan de manera colateral a la jurisdicción. Por último, encontraríamos un sector que considera al LAJ integrado, de hecho, en el Poder Judicial distinguiendo actos esencialmente jurisdiccionales (atribuidos al juez) y actos jurisdiccionales por conexión que el legislador puede delegar en el LAJ.

---

185 Robles Garzón, JA.: *Op. cit.* Pág. 109.

186 Santamaría Gutiérrez, M.: *Funciones decisorias del letrado de la administración de justicia,* Tesis Doctoral, ULPGC, 2015, pág. 22 https://accedacris.ulpgc.es/bitstream/10553/23707/2/0737478_00000_0000.pdf

El debate sobre la jurisdiccionalidad de las competencias que la LO 13/2009 atribuye al LAJ (entonces aún Secretario judicial) se planteó ya en el debate parlamentario. Así, la portavoz del Partido Popular, Dolores Montserrat, declaró ante la Comisión de Justicia[187]:

> Mantenemos 30 enmiendas vivas de fondo del proyecto, dado que consideramos que son actuaciones jurisdiccionales y no competencia del secretario, y de las que enuncio algunas, por ejemplo, que el juez mantenga la decisión de tener por preparados los recursos que se interponen contra las sentencias y autos impugnados. Consideramos que es competencia de los jueces y no de los secretarios. Para mejorar y evitar que el procedimiento monitorio se desnaturalice, consideramos que tienen que ser los jueces y no los secretarios. Impedir que el secretario judicial emita resoluciones decidiendo sobre cuestiones como las costas que derivan en títulos ejecutivos, entendemos que también es un acto jurisdiccional.

Por su parte, Juan Luis Rascón Ortega, portavoz del Partido Socialista -autor de la norma- explicó la *mens legislatoris* que contiene esta reforma:

> Como se ha explicado por todos los grupos, en este proyecto se produce un cambio significativo de las funciones de
>
> los jueces que se limitan a juzgar y a hacer ejecutar lo juzgado, asignando a los secretarios judiciales un montón de funciones que no son estrictamente jurisdiccionales para que las hagan con más agilidad, con más diligencia y permitiendo que los
>
> jueces se centren en su tarea constitucional. En esa delimitación el proyecto atribuye a los jueces (*sic*) la admisión de las demandas, pero no la inadmisión, porque en la inadmisión está en juego la limitación de un derecho fundamental, y eso será una tarea que hagan los jueces. Atribuye a los secretarios la admisión de los recursos, pero no la inadmisión de un recurso, porque también implica la limitación de un derecho

---

187 Diario de Sesiones del Congreso de los Diputados, núm. 315, de 18/06/2009 pág. 17

> fundamental. Les atribuyen a los secretarios la designación de ponentes, pero la designación de ponentes no es un acto arbitrario o un acto que puedan hacer de cualquier forma, sino que es estrictamente la fijación, dentro del listado del orden de ponentes que ha establecido la sala o tribunal, de a quién toca, por el orden que ha establecido el propio tribunal o sala, cada uno de los asuntos. No estamos aquí frente a una enmienda y una argumentación que se ha hecho ante una función jurisdiccional. Como no es una función jurisdiccional, por ejemplo, la tarea de reparto de procedimientos, de asuntos. En las ciudades en donde existen muchos juzgados de un mismo orden jurisdiccional las demandas se reparten por un servicio común que dirige un secretario, que, con arreglo a un orden predeterminado que han
>
> fijado, eso sí, la junta de jueces o el juez decano o la sala correspondiente, significa asignar uno a uno para garantizar el juez predeterminado por la ley. El Grupo Parlamentario Popular pretende restringir las competencias que el proyecto da a los secretarios y ampliar las de los jueces.

El Consejo General del Poder Judicial, al informar sobre el Anteproyecto de Ley que dio lugar a esta norma de 2009[188] describió la transformación conceptual que realizaba el legislador al disgregar la jurisdicción y distribuir su contenido y facultades entre el (aún) Secretario Judicial y el Juez, al afirmar

> El entendimiento de que también a él, como técnico en Derecho, le corresponde su interpretación y aplicación en todo aquello que no quede sujeto a reserva jurisdiccional por implicar afectación a derechos fundamentales, a situaciones o relaciones jurídico-materiales o a la cuestión de fondo de los litigios.

Comprendiendo la dificultad de distinguir en la práctica entre "actos jurisdiccionales" y actos "meramente procesales",

---

188 CGPJ, *Informe al anteproyecto de ley de reforma de la legislación procesal para la implantación de la nueva oficina judicial.*29/10/2008. Ponente Robles Fernández, IV.1

la ponente del informe del CGPJ introduce una sugerencia al legislador[189] para que tipifique con claridad la diferencia entre dos categorías de actos procesales:

- Actos de dirección procesal, que son los determinantes en el ejercicio de la función jurisdiccional, en cuanto que condicionan directamente su normal desarrollo, afectando a su integridad misma que, de conformidad con el art. 117.3 de nuestra Constitución "corresponden exclusivamente a los Jueces y Tribunales determinados por las leyes, según las normas de competencia y procedimiento que las mismas establezcan", principio reiterado por el art. 2.1 de la Ley Orgánica del Poder Judicial.
- Actos de ejecución o de mero trámite, que no afectan ni condicionan el ejercicio ordinario de la función jurisdiccional y que pueden encomendarse a la responsabilidad del Secretario Judicial.

Como anticipamos más arriba, la nueva configuración del LAJ supone una reinterpretación de la configuración constitucional del poder judicial. El problema de la constitucionalidad de la figura del LAJ como coadyuvante del juez no sólo afecta a la reserva jurisdiccional que establece el artículo 117 CE sino que podría incidir en las previsiones del artículo 24 CE, configurado como un derecho fundamental y corroborado en tratados internacionales a los que España se debe:

Artículo 24

1. Todas las personas tienen derecho a obtener la tutela efectiva de los jueces y tribunales en el ejercicio de sus derechos e intereses legítimos, sin que, en ningún caso, pueda producirse indefensión.
2. Asimismo, todos tienen derecho al Juez ordinario predeterminado por la ley, a la defensa y a la asistencia de letrado, a ser informados de la acusación formulada contra ellos, a un proceso público sin dilaciones indebidas y con todas las garantías, a utilizar los medios de

---

189 CGPJ, IV.4

> prueba pertinentes para su defensa, a no declarar contra sí mismos, a no confesarse culpables y a la presunción de inocencia.
>
> La ley regulará los casos en que, por razón de parentesco o de secreto profesional, no se estará obligado a declarar sobre hechos presuntamente delictivos.

Como vimos, en la doctrina alemana se admite por algunos autores la posibilidad de que el Juez, como titular del poder judicial, pueda delegar, en los términos establecidos en la Ley, el ejercicio de algunas de sus funciones en el Rechtspfleger. Sin embargo, hasta donde conocemos, ni doctrina ni jurisprudencia española admiten esa posibilidad, entendiendo -con buen criterio- que una potestad atribuida directamente por la Constitución a los jueces y tribunales no puede ser delegada sin defraudar la reserva de la Carta Magna.

La Asociación de Profesores de Derecho Procesal emitió un duro comunicado[190] en febrero de 2009 Sobre el "Proyecto de Ley de Reforma de la Legislación procesal para la implantación de la Nueva Oficina Judicial" en el que denunciaba *la sorprendente idea, inexplicada e injustificable, de separar y diferenciar lo jurisdiccional de lo procesal,* afirmando que *Administrar justicia o ejercer la potestad jurisdiccional requiere e incluye, por la naturaleza de las cosas, constitucionalmente reconocida en el aptdo. 3 del art. 117 CE, dirigir, de principio a fin, los procesos de todo tipo. Es convicción constante, unánime y universal de la doctrina jurídica que cualquier proceso constituye una elemental e insoslayable garantía del acierto de la sentencia o de la resolución equivalente, de modo que los jueces no pueden ser situados al final del recorrido procesal o verse ajenos a buena parte de sus incidencias, en las que se pone en juego la tutela jurisdiccional, confiada exclusivamente, insistimos, a los juzgadores independientes.*

---

190 http://webdeptos.uma.es/dprocesal/declaracion.pdf

Aunque, como queda dicho, la estrategia del legislador es constreñir la función jurisdiccional a lo que el Derecho romano llamaba *iudicatio,* es decir, examinar las pruebas y resolver el litigio, así como ordenar la ejecución de sus resoluciones, es consciente de que resulta muy difícil negar la incidencia en el derecho de acción de decisiones como la admisión a trámite de la demanda, la homologación de acuerdos transaccionales o la procedencia del juicio monitorio. Las cautelas del legislador para no afectar (demasiado) la reserva constitucional de la jurisdicción para jueces y tribunales parten de un previo análisis de cada una de las funciones que se realizan a lo largo del proceso, clasificándolas según su grado de afectación atribuyendo al juez o al LAJ las distintas tareas conforme a este criterio. Sin embargo, el legislador, consciente de que cualquier decisión adoptada en el curso de un proceso puede comprometer la tutela judicial efectiva, adopta dos criterios de seguridad: el primero someter las decisiones del LAJ al control judicial por medio del recurso de revisión[191]. Por esta razón, como cautela, el legislador opta por someter con carácter general las decisiones "jurisdiccionales" del LAJ a la revisión del juez salvando de ese modo el principio de tutela judicial efectiva.

Este procedimiento, que supone en resumen dejar decisiones que pueden llegar a ser jurisdiccionales, en manos del LAJ con la salvaguarda de que puedan ser revisadas por el juez en vía de recurso no satisfizo al Consejo General del Poder Judicial que manifestó, en su informe previo[192], reparos a la constitucionalidad del mecanismo:

> Sin perjuicio de lo acabado de señalar, debe insistirse nuevamente que cuando se trate del ejercicio de funciones jurisdiccionales,

---

191 Denominación muy criticada porque induce a confusión con el, también mal llamado, recurso de revisión de sentencias firmes previsto para supuestos excepcionales.

192 V.1.1.1.F

> no puede entenderse que la eventual revisión judicial de la decisión del secretario judicial constituya un expediente válido para conferirle unas atribuciones que no le corresponden por ser de exclusiva competencia jurisdiccional, pues en estos supuestos de decisiones intraprocesales la decisión judicial ha de ser necesariamente de primer grado, sin que pueda ser sustituida por una posible revisión judicial de lo resuelto por el secretario judicial, no sólo porque en el marco de un proceso judicial no se ha de obligar al justiciable a pasar por un doble filtro hasta llegar a la decisión judicial, sino porque la falta de ejercicio de la facultad de recurrir consolidaría y daría estado jurídico a una decisión adoptada por quien no le compete.

Como mecanismo complementario, distinguir la competencia en función de la decisión concreta que se quiera adoptar, como ocurre con la admisión a trámite de la demanda, que sólo compete al LAJ cuando es favorable, quedando reservada para el juez la *denegatio actionis*. Este mecanismo se reserva para funciones que siendo claramente formales o previas (relativas por tanto a la romana *iurisdictio*) comprometen o pueden comprometer la tutela judicial efectiva. En algunos casos, como la admisión a trámite de la demanda, el mecanismo se refuerza: el LAJ sólo puede acordar la admisión, pero si detecta defectos insubsanables debe dar traslado al juez proponiéndole la inadmisión, como establece la LEC:

> Artículo 404. Admisión de la demanda, emplazamiento al demandado y plazo para la contestación.
>
> 1. El Letrado de la Administración de Justicia, examinada la demanda, dictará decreto admitiendo la misma y dará traslado de ella al demandado para que la conteste en el plazo de veinte días.
>
> 2. El Letrado de la Administración de Justicia, no obstante, dará cuenta al Tribunal para que resuelva sobre la admisión en los siguientes casos:
>
>   1) cuando estime falta de jurisdicción o competencia del Tribunal o

2) cuando la demanda adoleciese de defectos formales y no se hubiesen subsanado por el actor en el plazo concedido para ello por el Letrado de la Administración de Justicia.

El proceso de transformación de la legislación procesal a estos principios supuso una extenuante labor legislativa que, como no podía ser de otro modo, incurrió en errores y fallos. Uno de ellos dio pie a que el Tribunal Constitucional revisara esta estrategia legislativa de disgregación y redefinición de la jurisdicción, determinando sus límites, como analizaremos a continuación.

En el Derecho procesal español encontramos un principio general del Derecho que, con carácter general, veta la posibilidad de recurrir la resolución que pone fin a un recurso. En este sentido, en el ámbito administrativo, el artículo 114.1.a de la Ley de Procedimiento Administrativo[193] impide cualquier recurso en esa vía frente a la resolución que decide el recurso de alzada. Lo mismo expresa el artículo 124.3 para el recurso de reposición[194]. En el ámbito procesal civil, de igual manera, el artículo 454 LEC impide la interposición de recurso frente a la resolución dictada en una reposición. Tal principio parece una exigencia de seguridad jurídica que, respetando el derecho de los litigantes a denunciar las decisiones dictadas en el curso del procedimiento que les puedan perjudicar o consideren no ajustadas a Derecho, trata de impedir una estrategia de dilación indefinida que haga inviable el proceso. El razonamiento del legislador al establecer estas limitaciones descansa sobre la idea de que el juez ya conoce, mediante el

---

193 Reiterado por el artículo 122.3

194 Aunque no lo prohíbe expresamente, parece que tampoco cabría recurso de alzada frente a la desestimación del recurso de reposición porque sólo los actos que ponen fin a la vía administrativa (y por tanto no pueden ser recurridos en alzada) son susceptibles de este recurso de reposición.

recurso de reposición o reforma en el ámbito penal, la discrepancia de la parte y decide mantener su decisión, quedando expedita la posibilidad de denunciar el supuesto vicio al recurrir la resolución final del proceso. El problema surge cuando el legislador traslada el principio de irrecurribilidad al ámbito de las decisiones del LAJ, especialmente cuando -en una equivocada estrategia de economía legislativa y sistematicidad- introduce las diligencias del Letrado en un "régimen general" del recurso no devolutivo, extendiendo la reposición (prevista para providencias y autos) a las decisiones del LAJ quien ahora deberá resolver mediante decreto los recursos interpuestos por las partes frente a sus diligencias y decretos no definitivos. La regla general, que permaneció incólume en la redacción inicial de la reforma de las normas rituales, de inatacabilidad de la resolución de un recurso de reposición determino que la decisión del LAJ quedara exenta de control jurisdiccional (más allá de la posibilidad de denunciar el vicio en la impugnación de la decisión final del proceso)[195].

El litigio concreto que dio oportunidad al Tribunal Constitucional para manifestarse sobre esta omisión legislativa fue un procedimiento contencioso administrativo relativo a una orden de expulsión del territorio nacional en el cual se señaló, mediante diligencia del (aún) secretario, la celebración del juicio para cuatro años después de la presentación de la demanda, lo que motivó el recurso de reposición del demandante por vulneración del derecho fundamental a un proceso sin dilaciones indebidas. El recurso de reposición frente a la diligencia de ordenación que fijaba la fecha de celebración de la vista fue desestimado, impidiéndose la interposición de recurso

---

195 Este defecto, de situar algunas decisiones del LAJ fuera del control jurisdiccional ya fue advertido en el informe del Anteproyecto realizado por el CGPJ (*vid. supra*).

de revisión ante el juez, conforme a la redacción que la Ley 13/2009[196] había dado al artículo 102 bis de la LJCA:

> Artículo 102 bis.
>
> 1. Contra las diligencias de ordenación y decretos no definitivos del Secretario judicial cabrá recurso de reposición ante el Secretario que dictó la resolución recurrida, excepto en los casos en que la Ley prevea recurso directo de revisión.
>
>   El recurso de reposición se interpondrá en el plazo de cinco días a contar desde el siguiente al de la notificación de la resolución impugnada.
>
>   Si no se cumplieran los requisitos establecidos en el párrafo anterior, se inadmitirá mediante decreto directamente recurrible en revisión.
>
>   Interpuesto el recurso en tiempo y forma, el Secretario judicial dará traslado de las copias del escrito a las demás partes, por término común de tres días, a fin de que puedan impugnarlo si lo estiman conveniente. Transcurrido dicho plazo, el Secretario judicial resolverá mediante decreto dentro del tercer día.
>
> 2. Contra el decreto resolutivo de la reposición no se dará recurso alguno, sin perjuicio de reproducir la cuestión al recurrir, si fuere procedente, la resolución definitiva. (...)

Frente a la imposibilidad de someter a revisión judicial la decisión del Secretario, el actor interpuso recurso de amparo tanto por la vulneración denunciada de la prohibición de las dilaciones procesales como por la falta de tutela judicial efectiva provocada por la redacción del artículo 102 bis LJCA[197].

---

196 Artículo decimocuarto, apartado cuarenta y cinco.

197 La admisión a trámite del recurso provocó dificultades al tribunal de garantías por cuanto no se impugnaba una decisión judicial (artículo 44 LOTC) sino precisamente la imposibilidad de obtenerla, siendo como era el Decreto impugnado un acto "jurisdiccional" del Secretario judicial.

A la vista de la vulneración denunciada y de la posible ilicitud constitucional de la norma aplicada, la Sala Segunda del Tribunal Constitucional, conforme al artículo 55.2 LOTC, promovió ante el pleno una "cuestión interna de inconstitucionalidad" que dio lugar a la Sentencia 58/2016 de 17 de marzo[198].

Aprovechando el debate sobre la pertinencia de que todos los decretos del LAJ puedan ser susceptibles de control jurisdiccional, el Tribunal aprovecha para pronunciarse sobre la constitucionalidad del reparto de funciones entre Letrados y jueces que realiza el legislador. Tras proclamar, reiterando su jurisprudencia, la exclusividad de la función jurisdiccional que la Constitución reserva para jueces y tribunales, el Tribunal declara, citando jurisprudencia anterior, que *del principio de exclusividad de Jueces y Magistrados en el ejercicio de la potestad jurisdiccional (art. 117.3 CE), derivado a su vez del principio de independencia judicial (art. 117.1 CE), no puede, sin embargo, "inferirse la existencia de una correlativa prohibición impuesta al legislador, por la que se condicione su libertad de configuración para elegir el nivel de densidad normativa con que pretende regular una determinada materia"*[199].

De este modo, en lo que a nosotros nos interesa, el Tribunal Constitucional considera que *...no puede merecer en principio reproche de inconstitucionalidad la opción tomada por el legislador, en el marco del modelo de oficina judicial que diseñó la Ley Orgánica 19/2003 y desarrolló la Ley 13/2009 y que reafirma la reciente Ley Orgánica 7/2015, de 21 de julio. De acuerdo con esta opción legislativa, como ya hemos señalado, la toma de decisiones en el proceso se distribuye entre Jueces y Magistrados, por un lado, y Letrados de la Administración de Justicia, por otro. Se reserva a los primeros, como es obligado, las decisiones procesales que puedan afectar a la función o potestad*

---

[198] BOE núm. 97, de 22 de abril de 2016

[199] Fundamento jurídico cuarto.

estrictamente jurisdiccional[200], *que les viene constitucionalmente reservada en exclusiva (art. 117.3 CE); y se atribuye a los segundos, que asumen la dirección de la oficina judicial, aquellas funciones que no tienen carácter jurisdiccional, lo que incluye el dictado de resoluciones procesales que no tengan este carácter.*

Pese a ello, aun dando por compatible con la dicción del artículo 117 CE la redefinición del concepto de "jurisdicción" distinguiendo actos procesales y jurisdiccionales y la asignación de los primeros a los LAJ, el Tribunal es consciente de que las decisiones meramente procesales pueden incidir, en algunos casos, en los derechos fundamentales, lesionándolos, lo que hace necesario garantizar el control jurisdiccional de las resoluciones de los LAJ; *entenderlo de otro modo supondría admitir la existencia de un sector de inmunidad jurisdiccional, lo que no se compadece con el derecho a la tutela judicial efectiva*[201].

En el mismo sentido, las Sentencias del Tribunal Constitucional 72/2018, de 21 de junio[202] y 15/2020, de 28 de enero[203] referidas a los órdenes jurisdiccionales social y civil respectivamente, así como la 151/2020, de 22 de octubre[204] en relación al penal, reiteran la doctrina del máximo intérprete fijando, por tanto, como principio, la necesidad de que las decisiones procesales de los LAJ, siendo admisibles, necesitan el establecimiento de un control judicial que salvaguarde el derecho a la tutela judicial efectiva y, en su caso, el acceso subsidiario al recurso de amparo.

---

200 En nuestra opinión el concepto "función estrictamente jurisdiccional" es la clave de esta nueva configuración de la función judicial que rompe con toda la tradición histórica del Derecho español pero revive los conceptos de *iurisdictio* y *iudicatio* del proceso *per formulas*.

201 Fundamento Jurídico 7º

202 BOE núm. 179, de 25 de julio de 2018

203 BOE núm. 52, de 29 de febrero de 2020

204 BOE núm. 305, de 20 de noviembre de 2020

Capítulo 5

Un nuevo concepto de jurisdicción

Como queda dicho, el legislador comprendió que la sociedad española del siglo XXI necesitaba mucho más personal y medios para resolver con rapidez y eficacia los conflictos jurídicos. Ello suponía, sin duda, la formación y contratación de tantos jueces como fuera preciso para alcanzar una ratio aceptable de acuerdo con los países de nuestro entorno[205]. Sin embargo, la convocatoria de miles de plazas de jueces y magistrados y la creación de tantos órganos judiciales como fuera preciso fue una opción descartada desde un primer momento. Pasó a considerarse, entonces, al juez como un tesoro escaso cuyas funciones debían restringirse al máximo para que una exigua plantilla de jueces pudiera abarcar una enormidad de casos. Ello conllevaba la necesidad de atribuir a otros profesionales del juzgado muchas de las tareas que tradicionalmente -desde los primeros siglos de nuestra Era- llevaba realizando el juez.

Se trataba, en suma, de una opción política del legislador que sin duda tendría ventajas e inconvenientes. Entre las primeras quizás podríamos señalar el menor coste de estos funcionarios, no sólo en términos salariales sino también en la formación y selección. No querríamos pensar que el legislador

---

205 Como referencia puede tomarse el informe de la Comisión Europea sobre el estado de la Justicia en la Unión Europea de junio de 2023 que sitúa un promedio de 24 jueces por cada 100.000 habitantes en la Unión, siendo la proporción en España de 11 jueces por cada 100.000 habitantes. https://commission.europa.eu/strategy-and-policy/policies/justice-and-fundamental-rights/upholding-rule-law/rule-law/rule-law-mechanism/2023-rule-law-report_en

valoró como ventaja el hecho de que los profesionales coadyuvantes del juez que iban a recibir todas esas funciones fueran dependientes del Ministerio de Justicia y por tanto ajenos a la independencia e inamovilidad que caracteriza al poder judicial pero sin duda este fue el reto al que se enfrentó el legislador al configurar este nuevo sistema: sustraer buena parte de las funciones que históricamente correspondían a jueces y tribunales para atribuirlas a otros funcionarios sin vulnerar el límite del artículo 117 CE.

Ciertamente habría cabido una opción mucho más sencilla: agilizar el proceso de formación y selección de jueces o crear una nueva categoría de "jueces adjuntos" que, integrados en el poder judicial, realizaran esas funciones colaterales a la *iudicatio.* Pero el legislador, por la razón que fuere, prefirió llevar a cabo una reinterpretación del artículo 117 CE interpretando en sentido restrictivo el tenor literal de la Carta Magna y donde el constituyente entendía que todo lo relativo al proceso era territorio exclusivo del poder judicial, el legislador ordinario dispuso que los jueces tienen el monopolio de "juzgar y hacer cumplir lo juzgado", nada más y nada menos.

Ocurre, sin embargo, como ya denunció la Asociación de profesores de Derecho Procesal, que la distinción entre unos y otros actos es mucho más clara en el papel que en la realidad porque cualquier decisión aparentemente procesal puede influir en la resolución de fondo y afectar, por tanto, no sólo a la actividad judicial de fondo sino también a la tutela jurisdiccional a que tiene derecho el ciudadano. Ello hace necesario el establecimiento de mecanismos de revisión judicial de las decisiones del LAJ para salvaguardar, de algún modo, la reserva constitucional dado que, a nuestro parecer, una "delegación jurisdiccional" como la que planta cierta doctrina alemana en relación al *Rechtspfleger* no sería admisible en nuestro marco legal.

Conforme a esta interpretación -tácitamente validada por el Tribunal Constitucional- el LAJ se encarga de todas aquellas cuestiones relacionadas con el proceso que no consisten *stricto sensu* en juzgar y ordenar la ejecución.

En otras palabras, el legislador, de manera probablemente inadvertida, ha recuperado dos mil años después la vieja dicotomía entre *iurisdictio* y *iudicatio*, si bien -dada la evolución histórica que hemos tratado de esbozar- la romana *iurisdictio* no corresponde con nuestro concepto moderno de jurisdicción. Se define así una labor procesal atribuida al LAJ que, en líneas generales coincide con la *iurisdictio* del Pretor y una segunda tarea, netamente judicial, que la Constitución reserva a jueces y tribunales y que consiste fundamentalmente en recibir las pruebas y dictar sentencia que podemos identificar con la *iudicatio*.

Una vez sentada por el legislador este reparto de la antigua "jurisdicción" nada le impediría acercar aún más nuestro moderno proceso civil al republicano *per formulas*, atribuyendo la audiencia previa del juicio ordinario al LAJ, que bajo la supervisión del juez en vía de recurso, resolvería las cuestiones procesales, fijaría el objeto del proceso y recibiría la proposición de prueba (amén de intentar el acuerdo entre las partes) pasando entonces las partes, una vez establecido el proceso en un decreto del LAJ (auténtica fórmula romana), a la presencia del juez quien recibiría el pleito a prueba y dictaría sentencia resolviendo el *dubio* planteado por el LAJ. Con un planteamiento legislativo de este tener -que hoy en día pertenece tan sólo a la ficción jurídica- el legislador daría un paso más en la recuperación del proceso romano, ahondando en las ventajas que ya le llevaron a rediseñar las funciones del LAJ (agilizar el proceso sin contratar más jueces) pero disgregaría aún más el concepto de "jurisdicción" bordeando, de manera peligrosa, los límites del artículo 117 CE. Por esta razón, sería prudente que integrara a los LAJ en el poder judicial, dotándolos de independencia e inamovilidad para evitar el reproche de inconstitucionalidad.

Conclusiones

Los términos *iurisdictio* y *iudicatio* hacen referencia a dos funciones diferentes que se ejercen en el proceso judicial. Ambos derivan de la raíz latina *dic, que aunque relacionamos con nuestro verbo “decir” podría tener un origen etimológico ligado a la justicia.

El advenimiento del principado de Augusto supuso la incorporación de la función judicial a los poderes del emperador como parte de su “soberanía”. A partir de entonces, el *prínceps* nombraba jueces “delegados” que, en su nombre, recibían a los litigantes, escuchaban las alegaciones, resolvían la viabilidad del proceso y, previo recibimiento a prueba, dictaban una sentencia que podía ser apelada ante el soberano. Este esquema, reproducido a lo largo de la Edad Media y hasta tiempos recientes, dio lugar a que, en España, y en todos los países de nuestro entorno, se denominara “jurisdicción” a la labor de los jueces que resuelven las controversias e imponen, por la fuerza si es preciso, el recto cumplimiento de las normas jurídicas. Con el establecimiento del Estado de Derecho, esta función jurisdiccional se constituye en poder independiente del Estado (Poder Judicial) y se encomienda a funcionarios revestidos de autoridad (*imperium*) cuya independencia, inamovilidad y sumisión a la ley se garantiza constitucionalmente. Ello, sin embargo, no es óbice para que la separación entre las viejas funciones del proceso *per formulas* siga estando presente, de algún modo, en la estructura del proceso moderno.

Hasta los primeros siglos de nuestra Era la función jurisdiccional (la *iudicatio*) estaba atribuida a un magistrado (cargo político electo) que ostentaba el *imperium,* lo que entrañaba la posibilidad de utilizar la fuerza en la imposición de sus decisiones. Por el contrario, la *iudicatio* se atribuía a uno o varios ciudadanos particulares que carecían de cualquier poder de naturaleza pública. La primera función, la del pretor, consistía en comprobar la concurrencia de los presupuestos procesales necesarios para la viabilidad del proceso, velar por la adecuación de las pretensiones de las partes y fijar el proceso, terminando con la emisión de un decreto (la fórmula) con instrucciones precisas al juez respecto de las partes, sus peticiones y la eventual condena. La fase *apud iudicem* suponía escuchar las alegaciones de demandante y demandado, practicar las pruebas y dictar sentencia de acuerdo con lo fijado en el decreto del pretor.

La configuración del LAJ como autoridad responsable de buena parte de las funciones que tradicionalmente se atribuían al juez conllevan la necesidad de replantearse el concepto tradicional de "jurisdicción" que, de manera incorrecta (al menos desde un punto de vista histórico) se identifica con la actividad que consiste en "juzgar y hacer cumplir lo juzgado". De acuerdo con el antecedente histórico del proceso romano, la actividad del LAJ es mucho más "jurisdiccional" que la del juez, a quien le corresponde, propiamente, una función "judicial".

Bibliografía

Agudo Ruiz, A.: *Las costas en el proceso civil romano,* Dykinson, Madrid, 2013

Barona Vilar, S.: Líneas generales y principios configuradores de la ley 1/2000, de 7 de enero, de Enjuiciamiento Civil, en *Revista De Derecho Universitat De València,* 1(2002)

Bazán Díaz, I.: Asesorar a la justicia municipal en la Castilla medieval: los alcaldes ordinarios o foreros y la primera instancia judicial, en *Conseiller les Juges au Moyen Âge,* Toulouse, 2014, págs. 81-98

Bello Rodríguez, S. Y Zamora Manzano, JL: Crimen repetundarum: status quaestionis, en *Revista General de Derecho Romano* 21(2013).

Bernal Gómez, B., «Los períodos en la historia del Derecho romano», en Roset Esteve, J. (coord.), *Estudios en homenaje al profesor Juan Iglesias,* vol. 2, 1988.

Betancourt, F.: *Derecho Romano clásico,* 4ª edición, Universidad de Sevilla, 2014

Bethmann-Hollweg, *Der römische Zivilprozeßrecht,* t. III, Bonn, 1866, *Cognitiones*

Bravo Bosch, M. J. Las magistraturas romanas como ejemplo de carrera política, *Revista Jurídica Da Fa7,* Fortaleza, 8(2007), págs. 21-36.

Calamandrei, P.: *La casación civil,* Ediciones Olejnil, Santiago de Chile, 2021

Cereijo Soto, A.: *El Rechtspfleger alemán como una manifestación de la justicia de proximidad,* tesis doctoral, Universidad de Girona, 2015

CGPJ, *Informe al anteproyecto de ley de reforma de la legislación procesal para la implantación de la nueva oficina judicial.*29/10/2008. Ponente Robles Fernández,

Coma Font, JM.: Sobre los límites de la potestad jurisdiccional de los magistrados romanos, en *Homenaje a Don Antonio Hernández Gil Vol. I,* Centro de Estudios Ramón Areces, Madrid, 2001, págs. 689-708.

Cordón Moreno, F.: *Introducción al Derecho Procesal,* Eunsa, Pamplona, 2020

D'Ors, A.: *Derecho Privado Romano,* Eunsa, Pamplona, 1989

De la Oliva Santos, A., Díez-Picazo Giménez, I., Vegas Torres, J.: *Curso de Derecho Procesal Civil,* I, Parte general, EU Ramon Areces, Madrid, 2019

Días, HM.: A evolução dos poderes do pretor na história do processo civil romano, en *Intertemas,* 15(2010)

Díaz Bautista, A. y Díaz-Bautista Cremades, A. A.: *El Derecho romano como introducción al Derecho,* 4ª Ed, Murcia, 2023

Díaz Bautista, A., «La apelación en las constituciones de Diocleciano», en *Estudios sobre Diocleciano,* Madrid, Dykinson, 2010, pp. 15-42.

Díaz Bautista, A.: Prólogo a Robles Reyes, JR.: *Magistrados, Jueces y Árbitros en Roma.* Dykinson, Madrid. 2009..

Díaz-Bautista Cremades, A.: Algunos elementos de ejecución personal en el Dominado, en *Revista Internacional de Derecho Romano* 10(2013) págs. 320-330

Febrero, J.: *Febrero novísimo o librería de jueces, abogados y escribanos,* Tomo I, Título II, Capítulo I, 3ª Ed. Valencia, 1837

Fernández de Bujan, A.: Imperium. Iurisdictio Voluntaria. Jurisdicción Voluntaria: capítulo primero: el problema de la naturaleza jurídica de la jurisdicción voluntaria a la luz de la experiencia histórica, *Ponencia en el xv Congreso Latinoamericano de Derecho Romano,* 16, 17 y 18 de agosto de 2006, Morelia, México.

Fuenteseca Díaz, P.: Las "legis actiones" como etapas del proceso romano, *Anuario de Historia del Derecho,* 34(1964) págs. 209-234

García-Máiquez, L. (2010). El Letrado de la Administración de Justicia en la Ley de Enjuiciamiento Civil.

Gascón Inchausti, F.: *Derecho Procesal Civil, materiales para el estudio,* Madrid, 2019

Giménez Candela, T.: Notas en torno al vadimonium, *Studia et documenta historiae et iuris,* 1982

Gutiérrez Masson, L.: ¿Existió un título VII de vadimoniis en el edicto del pretor? Argumentos para una nueva palingenesia de lenel, ep, ** 17-24, en *Revista de la Facultad de Derecho de la Universidad Complutense,* 75(1989) Págs. 397-404

Herbst, G.: Die Prüfungsbefugnis des Rechtspflegers im Mahnverfahren en *Der Deutsche Rechtspfleger,* junio 1978

Jörs, P. y Kunkel, W., *Derecho Privado Romano,* 2.ª ed., Prieto Castro, L. (trad.), Barcelona, Labor, 1937

Kaser, M.: *Das römische Zivilprozessrecht,* CH Beck, München, 1996.

López-Mesa, E., & Fernández, A. (2018). Los retos de la modernización tecnológica en la Administración de Justicia en España.

Luzzatto, G. I., *Il problema d'origine del processo extra ordinem. I. Premesse di metodo. I cosiddetti rimedi pretori*, Bologna, Patròn, 1965, «In tema di origine nel processo "extra ordinem" (Lineamenti critici e ricostruttivi)», en *Studi Volterra* 2

Margadant, G.: *La segunda vida del Derecho Romano,* Porrúa, México, 1986

Nieva Fenoll, J.: ¿Es tan diferente el proceso civil inglés de los procesos del continente? En *Diario LA LEY* 10384(2023) págs. 1-11

Nieva Fenoll, J.: *El origen de la justicia,* Tirant, Valencia, 2023

Panero Gutiérrez, R.: *Derecho Romano,* Tirant lo Blanch, Valencia, 1997

Paricio Serrano, J.: Reflexiones acerca de la legalización del procedimiento formulario romano, *en Foro: Revista de ciencias jurídicas y sociales,* (2004)

Pérez Álvarez, MP: La posición del deudor en la historiade la responsabilidad corporal a la patrimonial, en *Revista General de Derecho Romano,* 16(2011) págs. 1-20

Pérez Prendes y Muñoz de Arraco, JM.: De nuevo sobre el fuero de Cuenca, en *Fuero de Cuenca. Fragmento conquense.* Ayuntamiento de Cuenca, 1990

Prieto-Castro y Ferrándiz, I.: El Rechtspfleger; en VV.AA.; *Libro Homenaje a Jaime Guasp,* Ed. Comares, Granada, 1984

Rascón, C.: *Síntesis de historia e instituciones de Derecho Romano,* Tecnos, Madrid, 2007

Richard González, M., *La segunda instancia en el proceso civil,* Cedecs, 1998.

Robles Garzón, JA.: *Conceptos básicos de Derecho Procesal Civil,* Tecnos, 2015.

Robles Reyes, JR.: *La competencia jurisdiccional y judicial en Roma,* Murcia, 2003

Saavedra López, M.: Jurisdicción, en Garzón Valdés, E. y otros: *El derecho y la justicia,* Madrid, Trotta, 1996

Salas, J. L. (2007). La Justicia en España: Retos y propuestas. Madrid: Editorial Tecnos.

Sánchez Arcilla Bernal, J.: La administración de justicia en León y Castilla durante los siglos X al XIII, en Riesco Terrero, Ángel (coord.). *I Jornadas sobre documentación jurídico-administrativa, económico-financiera y judicial del reino castellano-leonés (siglos X-XIII).* Madrid, Universidad Complutense de Madrid, 2002, pp. 13-49

Santamaría Gutiérrez, M.: *Funciones decisorias del letrado de la administración de justicia,* Tesis Doctoral, ULPGC, 2015

Torrent Ruiz, A.: *Diccionario de Derecho Romano,* v. preator, Edisofer, Madrid, 2005.

Varela Gil, C.: *El estatuto jurídico del empleado público en Derecho Romano,* Dykinson, Madrid, 2007

Vives Antón, T.: Del poder judicial, en Rodríguez Piñero y Bravo Ferrer, M. y Casas Baamonde, ME.: *Comentarios a la Constitución española,* Tomo II, BOE, Madrid, 2018

Volterra, E., *Istituioni di diritto privato romano,* Roma, Ricerche, 1974

tirant
PRIME

Inteligencia jurídica
en expansión

Trabajamos para
mejorar el día a día
del **operador jurídico**

Adéntrese en el universo
de **soluciones jurídicas**

96 369 17 28 atencionalcliente@tirantonline.com

prime.tirant.com/es/